Dieses Buch ist Eigentum der

Grund- und Hauptschule
7443 Frickenhausen

Überlassen zur Benützung

von – bis	an	Schulja)
	Lars	98-00

Es wird um schonende Behandlung gebeten. Bei vorsätzlicher oder fahrlässiger Beschädigung oder bei Verlust des Buches muß der Erziehungsberechtigte Ersatz leisten.

Das An- und Unterstreichen von Wörtern sowie das Einschreiben von Bemerkungen usw. ist nicht erlaubt. Bei Schuljahr- oder Schulwechsel ist das Buch unaufgefordert an den Klassenlehrer zurückzugeben.

S. 191 eingerissen 5 DM bez.

Überall ist Lesezeit

Lesebuch für Grundschulen
2. Schuljahr

Herausgegeben von
Waltraud Borries, Walter Köpp und Edith Tauscheck

Illustriert von
Sabine Bayerl, Dietlind Blech, Aille Hardy,
Edda Köchl, Katja Pfleger, Wilfried Poll und Peter Schimmel

Oldenbourg

Die Illustrationen stammen, soweit im
Quellenverzeichnis nicht anders angegeben, von:
Sabine Bayerl S. 8-17, S. 106-115, S. 140-147
Dietlind Blech S. 64-91, S. 190-196
Aille Hardy S. 148-153, S. 166-189
Edda Köchl S. 18-33
Katja Pfleger S. 42-49
Wilfried Poll S. 34-41, S. 50-55, S. 100-105, S. 154-165
Peter Schimmel S. 3-7, S. 56-63, S. 92-99, S. 116-139

© 1992 R. Oldenbourg Verlag GmbH, München

Das Werk und seine Teile sind urheberrechtlich geschützt.
Jede Verwertung in anderen als den gesetzlich zugelassenen Fällen
bedarf deshalb der vorherigen schriftlichen
Einwilligung des Verlages.

1., überarbeitete Auflage 1997
Unveränderter Nachdruck

00 99 98 R

Die letzte Zahl bezeichnet das Jahr des Drucks.

Lektorat:
Ute Busche
Herstellung:
Thomas Rein
Umschlagkonzept:
Mendell & Oberer, München
Umschlaggestaltung:
Peter Schimmel
Satz:
Horst Gerbert, Haar b. München
Reproduktionen:
Repro Ludwig Ges.m.b.H., Zell am See
Druck und Bindearbeiten:
R. Oldenbourg, Graph. Betriebe GmbH, München

ISBN 3-486-83022-8

Das Lesen

Das Lesen, Kinder, macht Vergnügen,
vorausgesetzt, dass man es kann.
In Straßenbahnen und in Zügen
und auch zu Haus liest jedermann.
Wer lesen kann und Bücher hat,
ist nie allein in Land und Stadt.
Ein Buch, das uns gefällt,
hilft weiter durch die Welt.

James Krüss

Das Gute an Büchern ist…

dass man sie im Bett lesen kann

dass sie vorgelesen werden können

dass man etwas mit ihnen erreichen kann

dass man über sie weinen kann

dass man über sie lachen kann

dass man über sie nachdenken kann

dass man mit ihnen einschlafen und von ihnen träumen kann

Das größte Glück für Rudi Ratte
ist Lesen in der Hängematte.

„Ich lese gern auf der Matratze",
schnurrt die graue Perserkatze.

Hoch oben auf dem Turm
träumt und liest der Wurm.

Im Dunkeln auf der Geisterbahn
schmökert gern der Auerhahn.

Wo liest du am liebsten?

Ich lese am liebsten auf dem Bett,
wenn's draußen stürmt und regnet.
Dann ist es am gemütlichsten.

Britta

Auf der Toilette und im Bett.

Kai

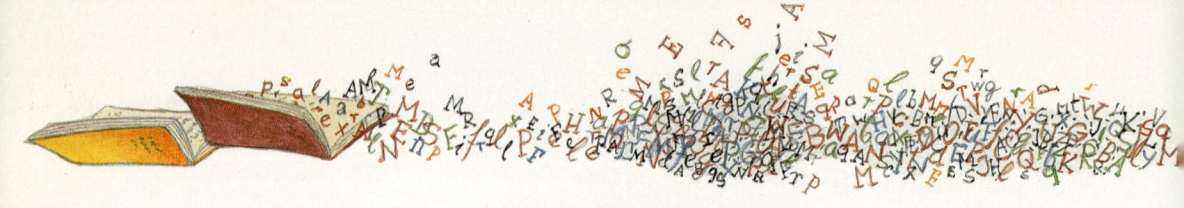

A, B, C, D,

was tut nicht weh?
Fleißig und nett zu sein,
zeitig im Bett zu sein!
A, B, C, D,
das tut nicht weh!

E, F, G, H,
was sagt Papa?
Mach deine Schularbeit,
hast noch zum Spielen Zeit!
E, F, G, H,
das sagt Papa!

I, K, L, M,
was ist bequem?
Faul sein und schadenfroh,
dumm sein wie Bohnenstroh!
I, K, L, M,
das ist bequem!

N, O, P, Qu,
was solltest du?
Täglich zur Schule gehn!
Niemand ein Näschen drehn!
N, O, P, Qu,
das solltest du!

R, S, T, U,
was gibt uns Ruh?
Fleißig gewesen sein,
klug und belesen sein!
R, S, T, U,
das gibt uns Ruh!

V, W und X,
was nützt uns nix?
Grob wie ein Stein zu sein,
immerzu „nein" zu schrein.
V, W und X,
das nützt uns nix!

Y, Z,
wer liebt das Bett?
Wer nicht den ganzen Tag
faul auf dem Sofa lag!
Y, Z,
der liebt das Bett!

James Krüss

Wo sich die Menschen doch überall verstecken!

DaMENSCHuh
Blumenschale
Armenschule
Riemenschnalle
Firmenschild

Samenschachtel
Daumenschraube
Schelmenschicksal
Rahmenschaden
Pflaumenschüssel

(Und das bleibt übrig, wenn der Mensch weg ist:
Dauh, Bluale, Arule, Rienalle, Firild, Saachtel,
Dauraube, Schelicksal, Rahaden, Pflauüssel.)

Hans Manz

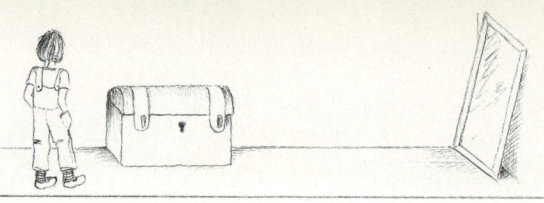

Das ist ein Theater

Das ist ein Theater:
—Du siehst aus wie dein Vater!
—Nein, doch mehr wie deine Mutter!
—Ja, du kommst nach dem Bruder!
—Wie die Tante aus Wien!
—Onkel Hans aus Berlin!
All das ärgert mich.
Ich sehe aus wie ich!

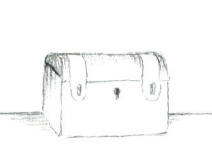

Ich und du

Was ich alles mit dem Gesicht machen kann

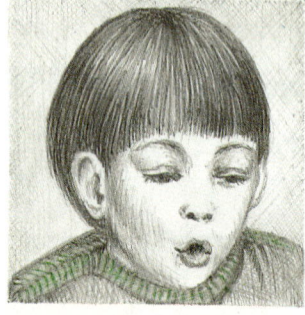

Ich runzle die Stirn
Ich klimpere mit den Wimpern
Ich rolle die Augen
Ich blase die Backen auf
Ich schnalze mit der Zunge
Ich fletsche die Zähne
Ich grinse
Ich wackele mit den Ohren
Ich ziehe die Nase hoch
Ich verdrehe die Augen
Ich starre
Ich schiele
Ich glotze
Ich ziehe die Augenbrauen zusammen
Ich stecke den Finger in die Nase
Ich werde rot
Ich werde blass
Ich presse die Lippen zusammen
Ich schneide eine Fratze
Ich zwinkere mit den Augen
Ich rümpfe die Nase
Ich klappere mit den Zähnen
Ich beiße mir auf die Lippen
Ich reiße die Augen auf
Ich werfe Blicke
Ich mache eine lange Nase
Ich spitze den Mund
Ich lecke mir die Lippen
Ich strecke die Zunge heraus
Ich schneide Grimassen
Ich blase mir die Haare aus der Stirn
Ich klappe mit den Augendeckeln
Ich verziehe den Mund
Ich schüttele mit dem Kopf
Ich nicke
Ich lächle
Ich kneife die Augen zu

Rosemarie Künzler-Behncke

Kinderkram

Taschenmesser, Luftballon,
Trillerpfeife, Kaubonbon,
Bahnsteigkarte, Sheriffstern,
Kuchenkrümel, Pflaumenkern,
Bleistiftstummel, Kupferdraht,
Kronenkorken, Zinnsoldat,
ja, sogar die Zündholzdose
findet Platz in Peters Hose.
Nur das saubre Taschentuch
findet nicht mehr Platz genug.

Hans Stempel · Martin Ripkens

Nina, das kleingroße Mädchen

Nina war ein kleines Mädchen. Aber sie wollte kein kleines Mädchen sein. „Also bist du ein großes Mädchen?", fragten die Leute. „Auch nicht", sagte Nina. „Ich bin beides: Ich bin kleingroß."

Die Leute lachten dann. Aber für Nina war die Sache ganz einfach. Klein war sie immer, wenn sie etwas sollte, worauf sie gar keine Lust hatte. Zum Beispiel, wenn die Mutter sagte: „Aber Nina! Wie sieht denn deine Spielecke wieder aus? Du bist nun schon so ein großes Mädchen und immer noch so unordentlich. Jetzt räum aber ganz schnell auf."

„Du lieber Himmel", seufzte Nina dann. „Für Aufräumen bin ich noch viel zu klein."

Gab es zum Mittagessen aber Kartoffelsuppe mit Würstchen, lag der Fall gerade umgekehrt. Nina guckte der Reihe nach in alle Teller und sagte empört: „Und ich krieg nur zwei, wo ich schon so groß bin?" Denn Würstchen aß sie für ihr Leben gern.

Ein großes Mädchen war sie natürlich auch immer am Abend, wenn sie zu Bett gehen sollte: „Wo ich doch überhaupt noch nicht müde bin."

Und ‚ganz kleines Mädchen' spielte sie, wenn Onkel Robby kam, der Nina Huckepack durch die Wohnung tragen sollte. „Weil das doch so einen Spaß macht", quietschte sie.

Marieluise Bernhard-von Luttitz

Anja

Anja, sieben Jahre alt,
geht in die erste Klasse.
Peter sagt: Anja ist eine blöde Kuh.
Ute sagt: Anja ist gemein.
Theodor sagt: Anja hat vorne keine Zähne.
Sylvia sagt: Anja ist meine beste Freundin.
Eva sagt: Anja ist lieb.
Jutta sagt: Anja fängt immer Streit an.
Wie ist Anja in Wirklichkeit?

Marianne Kreft

Mut

1 „Los, Michael! Los! Nun spring schon endlich!"
Micha hört die anderen rufen. Laut ist es und heiß.
Ab und zu benutzt der Bademeister die Trillerpfeife.
„He, Sie, Sie müssen eine Badekappe tragen!" Oder:
5 „Das Springen vom Beckenrand ist verboten!", brüllt er.
Micha hört das Rufen des Bademeisters und die Stimmen
der anderen: „Los, Micha, nun spring schon!"
Dann hört Micha nichts mehr. Weit weg ist das
platschende Geräusch des Wassers. Weit weg und
10 undeutlich verschwommen ist auch das Stimmengewirr.
Tief, ganz tief unter sich, sieht Micha das leuchtend
blaue Wasser des Schwimmbeckens. Fünf Meter!
Mensch, ist das hoch!
Micha schaut nach unten und bekommt Angst. Er schaut
15 nach oben, und er fühlt, wie ihn die große Kuppel des
Hallenbades fast erdrückt. Micha wird schwindlig.
„Los! Jetzt mach schon! Feigling, Feigling!", schreien nun
die anderen.
Langsam dreht sich Micha um. „Feigling!", ruft auch Pitti,
20 sein Freund.
„Selber einer", sagt Micha, „spring du doch!"
Dann steigt er ganz langsam, Stufe für Stufe, die Treppe
des Sprungturms wieder hinunter. „Na, das muss man
auch können", sagt eine Frau, die gerade vorübergeht.
25 Micha schämt sich nicht mehr. Erleichtert springt er vom
Startblock.

Mechthild zum Egen

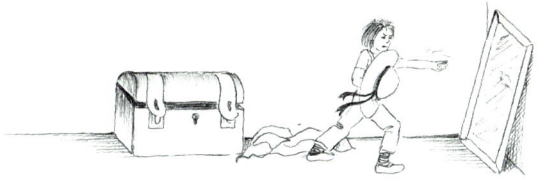

Sabine

Wenn Sabine Hunger hat, dann sagt sie:
Ich habe Hunger.
Wenn Sabine Durst hat, dann sagt sie:
Ich habe Durst.
Wenn Sabine Bauchweh hat, dann sagt sie:
Ich habe Bauchweh.
Dann bekommt sie zu essen,
zu trinken und auch
eine Wärmflasche auf den Bauch.
Und wenn Sabine Angst hat,
dann sagt sie nichts.
Und wenn Sabine traurig ist,
dann sagt sie nichts.
Und wenn Sabine böse ist,
dann sagt sie nichts.
Niemand weiß,
warum Sabine Angst hat.
Niemand weiß,
warum Sabine traurig ist.
Niemand weiß,
warum Sabine böse ist.
Niemand kann Sabine helfen,
weil Sabine
nicht über Sabine spricht.

Marianne Kreft

Was uns die Angst nimmt

Vater und Mutter und vertraute Gesichter,
im Dorf und in der Stadt die Lichter.
Die Sonne, die uns am Morgen weckt,
das Kätzchen, das sich in unserm Arm versteckt.
Im Bett Teddybären und Puppen,
Sterne, die durchs Fenster gucken.
Bruder, Schwester, Neffen und Nichten
und in der Schule die schönsten Geschichten.
Alles, was jeden Tag mit uns lebt,
und am Abend das Gutenachtgebet.

Max Bolliger

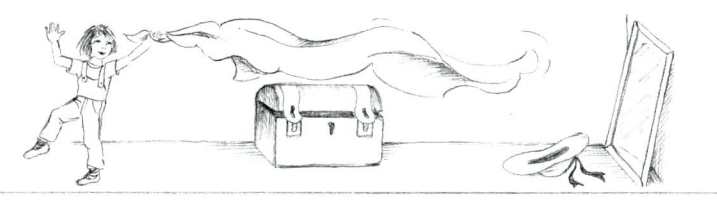

Meine zweimal geplatzte Haut

Ich könnte platzen.
Aus allen Nähten könnte ich platzen
vor Wut.
Meine Hände zittern.
Meine Stimme bebt.
Meine Haut tut mir weh von so viel Wut.
Ich fühle mich krank in meiner Haut,
weil du so bös zu mir warst.

Ich könnte platzen.
Aus allen Nähten könnte ich platzen
vor Lust.
Meine Hände winken.
Meine Stimme lacht.
Mein Bauch gluckert von so viel Lust.
Ich fühle mich wohl in meiner Haut,
weil du so lieb zu mir warst.

                                  Hanna Hanisch

Die Geschichte vom Vater, der die Wand hoch ging

Ein Vater ärgerte sich oft über seinen Jungen, weil der ihm zu ängstlich war.
Der Junge hatte nämlich Angst vor fremden großen Hunden, er hatte Angst vor den beiden frechen Mädchen von nebenan, und er hatte Angst, wenn das Licht im Treppenhaus plötzlich ausging.
„Und so einer will mein Sohn sein!", rief der Vater. „Ich könnte die Wände raufgehen!"
Das tat er dann. Er ging vor Wut die Wand hoch. Als er aber an die Zimmerdecke kam, fiel er vor Schreck wieder herunter. Da oben saß nämlich eine Spinne.

Ursula Wölfel

Kinder erzählen von ihren Eltern

Ich sagte, Mama, ist Papa nicht großartig.
Er hat mein Fahrrad rosa gestrichen.

Peter, 5 Jahre

Meine Mutti ist die Beste von allen. Ich möchte es ihr gern sagen, aber ich kann es nie! Alle Mühe ist umsonst, und dann tue ich irgend etwas, das sie traurig macht, genau das Gegenteil. Ich liege abends im Bett und denke darüber nach. Plötzlich geht die Tür auf, und meine Mutter sieht, ob ich schlafe. Und ich mache schnell die Augen zu. Dann gibt sie mir einen Kuss, und ich denke, dass sie doch vielleicht weiß, wie lieb ich sie habe.

Susanne, 6 Jahre

Von der Fliege, die den Großvater und die Großmutter geärgert hat

Der Großvater und die Großmutter saßen auf dem Sofa.
Da kam eine Fliege, die brummte in der Luft herum.
Sssssssssssssum-ssssssssum!

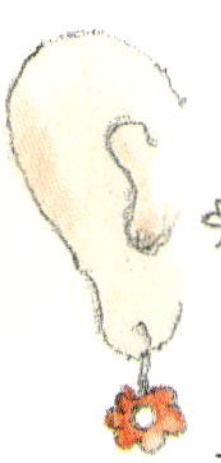

Da setzte sich die Fliege dem Großvater ins linke Ohr.
Brrrrrrrrrrrrrrrrrr!

Hasch-hasch, machte der Großvater.
Da flog die Fliege weg und brummte wieder in der Luft herum.
Sssssssssssssum-ssssssssum!

Da setzte sich die Fliege der Großmutter ins rechte Ohr.
Brrrrrrrrrrrrrrrrrr!

Husch-husch, machte die Großmutter.
Da flog die Fliege weg und brummte wieder in der Luft herum.
Sssssssssssssum-ssssssssum!

Da setzte sich die Fliege dem Großvater auf die Nase usw., usw.

Husch-husch, machte die Großmutter.
Da flog die Fliege zum Fenster hinaus.

Heinrich Hannover

Meine Tante

Meine Tante ist verrückt!
Strickt,
strickt,
strickt!
Gestern strickt' sie ihrem Dackel
eine lila Dackeljacke.
Heute strickt sie ihrem Spitz
eine weiße Zipfelmütz'.
Morgen hext sie eins, zwei, drei
Höschen für den Papagei.
Meine Tante ist verrückt!
Strickt,
strickt,
strickt!

Roswitha Fröhlich

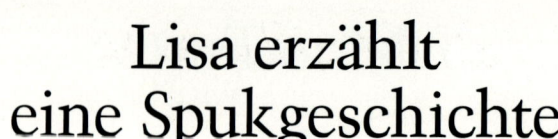

Lisa erzählt eine Spukgeschichte

1 Zuweilen ist es sehr nett, im selben Zimmer zu schlafen wie die Brüder. Aber nur zuweilen. Es war nett, wenn wir abends im Bett lagen und uns Spukgeschichten erzählten. Lasse weiß so schreckliche Spukgeschichten, dass ich
5 immer lange, lange hinterher den Kopf unter das Deckbett stecken muss.
Eines Abends hatte Lasse so eine gräuliche Spukgeschichte von einem Gespenst erzählt, das in einem Haus umherging und alle Möbel umstellte. Ich hatte
10 solche Angst, dass ich dachte, ich würde sterben. Es war schon beinah ganz dunkel im Zimmer und mein Bett stand weit entfernt von Lasses und Bosses Bett.
Und da, plötzlich begann ein Stuhl hin und her zu rutschen. Ich dachte, das Gespenst wäre in unser Haus
15 gekommen und begänne die Möbel umzustellen, und da schrie ich, so laut ich konnte. Gleich darauf hörte ich Lasse und Bosse in ihren Betten kichern. Und da hatten sie doch einen Bindfaden am Stuhl festgebunden und lagen jeder in seinem Bett und zogen an dem Bindfaden,
20 dass der Stuhl hüpfte! Das sah ihnen ähnlich. Zuerst wurde ich furchtbar wütend, aber dann musste ich doch lachen.

Astrid Lindgren

So eine Familie!

Abends sieht der Thomas Western,
morgens ärgert er die …

Wenn Oma mit dem Roller fährt,
dann ist sicher was …

Die Claudia spielt sehr laut Klavier,
im Rechnen hat sie eine …

Jeden Mittag sagt der Peter:
„Meine Hausaufgaben mach ich …"

Die Mutter redet viel und schnell,
doch ich hab ein dickes …

Flori ist ein kleiner Mann
und hat keine …

Anne tritt mit ihrem Fuß
ungern in das Apfel …

Elke Kahlert

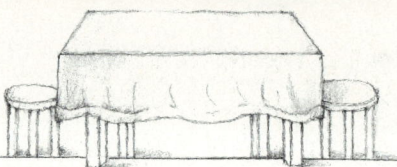

Jörg lernt kochen

Ich heiße Jörg. Meine Eltern sind geschieden und ich bin bei meinem Vater geblieben. Mein Vater ist Lehrer. Jeden Morgen gehen wir beide in die Schule, er in seine und ich in meine. Wer von uns zuerst nach Hause kommt, der setzt das Essen auf.

Früher mochte ich nicht kochen. Ich fand es viel zu schwierig. Mein Vater hat es mir auch nicht zugetraut. Ich musste immer auf ihn warten, und manchmal dauerte es eine Ewigkeit, bis es Mittagessen gab.

In den Ferien waren wir vierzehn Tage an der Ostsee. Hinterher bin ich zu meiner Oma gefahren und meine Oma hat gesagt: „Ich weiß wirklich nicht, warum du dich so anstellst. Kochen ist doch keine Zauberei. Ich bringe es dir bei, wenn du willst."

Zuerst wollte ich nicht. Aber zwei Tage später haben wir doch damit angefangen. Da zeigte mir meine Oma, wie man Spaghetti und Tomatensoße macht. Ich habe einen Topf mit Salzwasser auf den Herd gestellt. Dann, als es blubberte, kamen die Spaghetti hinein, und nach zehn Minuten Kochen waren sie weich. Ganz einfach, wirklich. Nur mit der Tomatensoße konnte ich nicht fertig werden. Es hat ziemlich lange gedauert, bis ich das schaffte.

Am nächsten Tag sollte es Kartoffeln und Schnitzel geben. Das eine Schnitzel habe ich gebraten und das andere meine Oma. Ich habe genau hingeguckt und ihr jeden Handgriff nachgemacht.

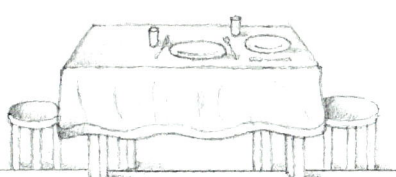

„Du hast Talent zum Kochen, Jörg", sagte meine Oma. „Papa wird staunen."

Von da an brachte sie mir jeden Morgen etwas Neues bei. Sie nähte mir auch eine grüne Schürze mit einem roten Kochlöffel darauf, die band ich in der Küche um. Allmählich machte mir das Kochen sogar Spaß. Nur, wenn etwas schief ging, ärgerte ich mich. Und zuerst ist dauernd etwas schief gegangen. Einmal habe ich Salz statt Zucker in den Pudding gestreut. Zwei volle Esslöffel! Und einmal, als meine Oma zum Einkaufen war, sind mir die Kartoffeln angebrannt. Das hat furchtbar gestunken.

Die Kinder im Haus fanden es komisch, dass ich kochen lernte.

„Wie ein Mädchen!", sagten sie. Aber ich habe ihnen einen Vogel gezeigt. Mein Vater kann auch kochen. Überhaupt sind die besten Köche Männer, hat meine Oma gesagt. Von wegen Mädchen!

 Am Ende der Ferien hatte ich eine Menge gelernt: Gemüsesuppe, Pfannkuchen, Kartoffelsalat mit Würstchen, Reisauflauf und noch mehr. Für alles hat mir meine Oma das genaue Rezept aufgeschrieben, damit ich es nicht wieder vergesse. Und meinem Vater haben wir nichts verraten.

 Am ersten Schultag war bei uns schon um zehn Schluss. Da bin ich nach Hause gerannt und habe gekocht: Spaghetti mit Fleischsoße und als Nachtisch Schokoladenpudding. Mein Vater hat vielleicht gestaunt!

 „Mann, Jörg", hat er gesagt. „Das schmeckt toll. Du könntest direkt Koch werden."

Aber ich will lieber Lehrer werden, so wie er.

Irina Korschunow

Sofie vergisst eigentlich nichts

Manchmal bringt Mutter Sofie mit dem Auto zur Schule.
Das findet Sofie gar nicht so gut. Denn dauernd fragt
Mutter: „Hast du auch nichts vergessen?
Das Schreibheft? Den Zeichenblock?"
Sofie bläst die Backen auf und sagt: „Ich hab alles."
Aber heute brüllt sie: „Aua, mein Zeichenblock!" Rums!
Mutter bremst und dreht eine tolle Kurve. „Wir schaffen
es noch!", sagt sie.
Sofie rennt die Treppe rauf und holt den Zeichenblock.
Nach einer Weile sagt Mutter: „Du könntest auch danke
sagen."
Sofie schüttelt den Kopf.
Mutter staunt: „Du bist ganz schön frech."
„Gar nicht", sagt Sofie.
„Wegen dir hab ich den Block vergessen. Weil du immer
gefragt hast. Da denk ich dann nicht mehr dran."
„Vielleicht hast du Recht", sagt Mutter.

Peter Härtling

Ich bin allein und die Uhr tickt

Ma - ma, Pa - pa,
Ma - ma, Pa - pa.
Mam - pa, Mam - pa.

PAM - MA. PAM - MA.
PAM - MA. PAM - MA.

Mam - pa, Mam - pa,
Ma - ma, Pa - pa,
Ma - ma, Pa - pa.

Klick-klack.
Der Schlüssel im Schloss.

Gott sei Dank, da kommen sie,
Mama und Papa.

Jetzt bin ich
nicht mehr allein.

                    Wolf Harranth

Tick tack

„Alles geht nach der Uhr", sagt Frau Ureburegurli. „Um ein Uhr haben die Kinder gegessen, bis zwei Uhr arbeiten sie an den Schulaufgaben, bis fünf Uhr dürfen sie spielen, um halb sechs essen sie Abendbrot, danach lernt die Großmutter noch mit den Kindern und von abends sieben bis morgens sieben schlafen sie. Um acht Uhr gehen sie zur Schule und um zwölf Uhr dreißig sind sie wieder zu Haus."

„Ich bin gespannt", sagt Frau Lustibustigiero, die Nachbarin, „wie lange es dauert, bis Ihre Kinder nur noch tick tack sagen."

Irmela Wendt

Angst und Mut

1 Bert und Kilian sind allein zu Hause. Eigentlich sollten sie jetzt schon schlafen. Aber es ist so schwül. Sie liegen in ihren Betten und erzählen sich etwas.
Ganz plötzlich wird es dunkel. Kilian guckt aus dem
5 Fenster. „Es gibt ein Gewitter! Es blitzt schon!", ruft er.
„Das ist nur ein Wetterleuchten", sagt Bert und zieht sich die Decke über den Kopf. Aber da donnert es schon.
„Schnell! Mach das Fenster zu!", ruft Kilian.
Bert rennt zum Fenster, wirft es zu und springt wieder in
10 sein Bett. Nun macht ein greller Blitz das Zimmer hell, der Donner kracht und Kilian schreit: „Bert! Komm zu mir!"
„Das Gewitter ist noch weit entfernt", sagt Bert.
Seine Stimme zittert. Er tastet sich zu Kilians Bett und
15 setzt sich auf das Fußende. Er legt den Kopf auf die Knie und macht die Augen zu, damit er die Blitze nicht sehen muss.
Aber sie leuchten durch seine geschlossenen Augenlider. Bei jedem Donnerschlag zuckt er zusammen. Kilian
20 kriecht näher zu Bert.
Der streichelt seinen Rücken und sagt: „Du brauchst keine Angst zu haben. Ich bin doch bei dir."
„Bitte, hol eine Kerze!", sagt Kilian. „Vielleicht schlägt der Blitz in die Stromleitung."
25 Bert läuft in die Küche. Blitz und Donner kommen ihm hier noch schrecklicher vor. Da ist die Kerze. Aber wo sind die Streichhölzer? Im Wohnzimmer?

1 Er rennt und stolpert über einen Stuhl.
Er stößt mit dem nackten Zeh an ein Tischbein.
„Wo bleibst du so lange?", ruft Kilian.
„Dummerchen!", sagt Bert. Seine Hände zittern so sehr,
5 dass er drei Streichhölzer braucht, bis die Kerze brennt.
Nun regnet es draußen. Es blitzt nicht mehr so oft.
Der Donner wird schwächer. Das Gewitter zieht fort.
Nur der Regen rauscht.
„Hast du gar keine Angst gehabt?", fragt Kilian.
10 Bert bläst die Kerze aus. „Ich habe schreckliche Angst
gehabt", sagt er.

Ursula Wölfel

Pech

Meine Mutter hat
von einem Verehrer bekommen:
einen PORZELLANELEFANTEN.

Ich habe ihn in die Hand genommen:
den PORZELLANELEFANTEN.

Ich bin mit ihm plötzlich ausgeglitten:
dem

Ich musste ihn hastig zusammenkitten:
den PORLANFANELEZELTEN.

Hans Manz

Gute Nacht

Ich schlüpfe in mein Nachthemd rein
und hüpfe in mein Bett hinein.
　Ich deck mich zu
　und recke mich,
　ich kuschel mich
　und strecke mich,
　ich dreh mich um
　und schlafe ein.
Dann träum ich einen schönen Traum.
Der Traum gehört mir ganz allein.

　　　　　　　　　　　Paul Maar

Wir

Ich bin ich und du bist du.
Wenn ich rede, hörst du zu.
Wenn du sprichst, dann bin ich still,
weil ich dich verstehen will.
Wenn du fällst, helf ich dir auf,
und du fängst mich, wenn ich lauf.
Wenn du kickst, steh ich im Tor,
pfeif ich Angriff, schießt du vor.
Spielst du pong, dann spiel ich ping,
und du trommelst, wenn ich sing.
Allein kann keiner diese Sachen,
zusammen können wir viel machen.
Ich mit dir und du mit mir –
das sind wir.

Irmela Brender

Wann Freunde wichtig sind

Freunde sind wichtig
zum Sandburgenbauen,
Freunde sind wichtig,
wenn andre dich hauen,
Freunde sind wichtig
zum Schneckenhaussuchen,
Freunde sind wichtig
zum Essen von Kuchen.

Vormittags, abends,
im Freien, im Zimmer…
Wann Freunde wichtig sind?
Eigentlich immer!

Georg Bydlinski

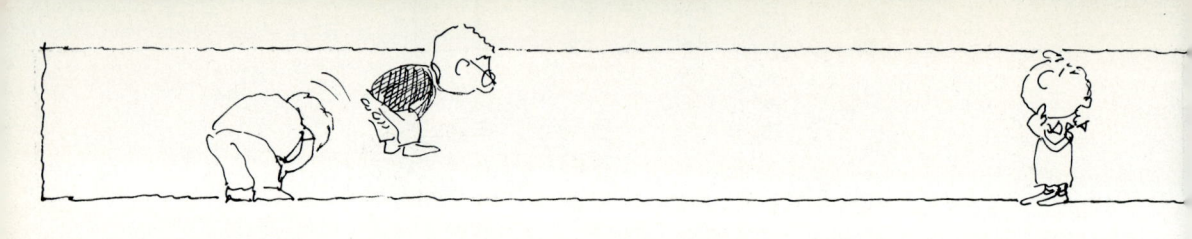

Ich weiß nicht, was ich tun soll.
Ich habe mein Bett gemacht.
Ich habe Flöte geübt.
Ich habe alle meine Bücher gelesen.
Ich kann Puzzles nicht mehr ausstehen.
Mir ist langweilig,
 langweilig,
  LANGWEILIG.

Ich glaube, sie ist einsam.

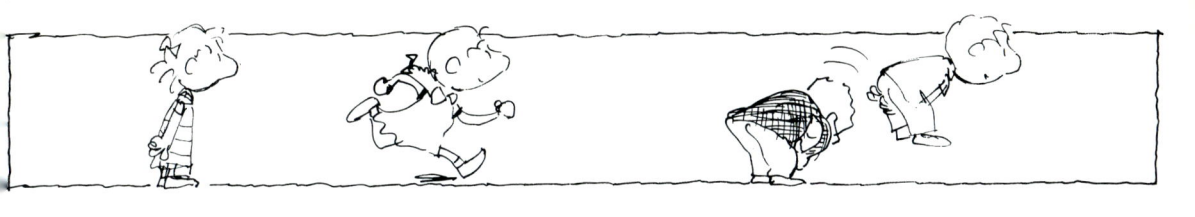

ELISABETH, TELEFON!

Und jetzt?

Hallo. Tag, Katrin. Nichts. Mir ist langweilig.

Kannst du rüberkommen? Wirklich? JETZT GLEICH? Ich komm dir entgegen.

Katrin ist meine beste Freundin!

Ich werde ihr eine Blume pflücken.

Ende gut, alles gut.

Hallo, Katrin! Hallo, Elisabeth!

Aliki Brandenberg

Kannst du schweigen?

1 Alle haben ein Geheimnis! Mindestens eines. Anna jedoch hat keines. Das macht sie traurig. Immer wenn zwei andere Kinder die Köpfe zusammenstecken und tuscheln, wird Anna neugierig. Klar! Wer nicht?

5 „Was flüstert ihr denn?", fragt sie dann häufig. „Erzählt ihr mir auch, was ihr geflüstert habt?"

„Das ist unser Geheimnis! Kannst du schweigen?"

„Wie ein Grab!", meint Anna und freut sich, dass sie endlich einmal eingeweiht wird.

10 „Dann tu es und frag nicht so viel!"

„So was Gemeines!", denkt sie sich und geht weg. Beinahe schießen ihr vor Wut die Tränen in die Augen. Zum Glück trifft sie ihre Freundin Sabine. Der kann sie ihr Leid klagen. „Ich möchte auch endlich mal ein Geheimnis 15 haben!"

„Ich hab auch keines", erwidert Sabine, „sonst würde ich es dir erzählen! Nur dir!"

Die beiden Mädchen wollen nicht, dass Markus und Lisa, die gerade herankommen, ihr Gespräch mithören. 20 Deshalb bereden sie jetzt nur noch flüsternd ihr Problem mit den Geheimnissen.

„Was flüstert ihr denn?", fragt Markus. „Erzählt ihr uns auch, was ihr geflüstert habt?"

„Nein", antwortet Sabine, „das verraten wir nicht. Das ist 25 Annas und mein Geheimnis!"

„Oh", denkt Anna, „ich hab ja plötzlich eines. So schnell und einfach geht das!" Und sie ist glücklich.

Werner Färber

Jeden Tag

Jeden Tag
sitzen zwei alte Leute
auf einer Bank im Stadtpark.
Mit ihren Stöcken
malen sie Figuren in den Kies
und füttern die Vögel.

Jeden Tag,
wenn wir aus der Schule kommen,
auch bei schlechtem Wetter,
sitzen sie da.
Einmal sind wir stehen geblieben
und durften mit ihnen
die Vögel füttern.

Seit dem Tag
bleiben wir immer
ein paar Minuten stehen
und erzählen den alten Leuten,
was wir
in der Schule gemacht haben.

Jo Pestum

Leicht

Es ist leicht,
andere zu beschimpfen:
Du Quatschkopf!
Du Rindvieh!
Du Sauertopf!
Du Depp!
Du Miesepeter!
Du Idiot!
Du Nasenbär!
Du Schwein!
Da findet man
ohne langes Überlegen
schnell die passenden Worte.

und **schwer**

Es ist schwer,
anderen etwas Nettes zu sagen:
Du
Du
Du
Du
Du
Du
Du
Du
Da findet man
trotz langem Überlegen
schwer die passenden Worte.

Manfred Mai

Komm!

Das Haus

Das erste Haus war eine Höhle,
das zweite war vielleicht ein Zelt.
So gibt es mancherlei Behausung,
wo Menschen sind auf dieser Welt.

Wie viele haben keine Ahnung,
was alles mitlebt in dem Haus:
die Spinne und die Kellerassel,
der Holzwurm und die Fledermaus.

Wenn Mensch und Tier das Haus nicht hätten,
es wäre furchtbar, wie sie frören!
Sie hätten weder Herd noch Betten.
Drum soll man Häuser nicht zerstören.

Eva Rechlin

Wo Kinder wohnen

Überall in der Welt baut sich der Mensch sein Haus,
um sich vor Regen, Kälte und Sturm zu schützen,
vor greller Sonne und wildem Getier,
um mit seiner Familie allein zu sein
oder Freunde zu bewirten.
Was für schöne Häuser:
Hoch und schmal oder niedrig und breit,
je nach dem Land, dem Wetter und dem Geschmack.

nach Roderich Menzel

Aufgeregt im Kinderzimmer rennt Annette

hin
und
her.
Ihre Sachen liegen immer
durch-
ein-
an-
der
kreuz
und
quer.
Wo
ist
nur
mei-
ne
Uhr?
Von dem Halstuch
kei-
ne
Spur!

Philipp Günther

Eine Wohnung für Kinder

Mach deine Augen zu und denk dir einfach etwas aus
kein Architekt baut so wie du ein Wolkenkuckuckshaus

Was machst du wenn du einen Schatz finden kannst
was machst du wenn du zaubern kannst
was machst du wenn du einmal groß bist
drei Wünsche hast
du hast doch Fantasie
bau ein Luftschloss

Birgit Willimek

Von dem Jungen,
vor dem alle Angst hatten

1 In der Dreierlei-Straße wohnte ein Junge, vor dem alle
Angst hatten. Der Junge wohnte hier noch nicht lange.
Er war größer als die anderen Kinder und er saß auf der
Treppe vor seinem Haus einfach so da.

5 Jeden Tag saß der Junge da auf der Treppe und er machte
meistens ein böses Gesicht. Sonst machte er nichts.
Manchmal spuckte er allerdings, aber nur auf die Straße.
Manchmal pfiff er auch laut. Er steckte zwei Finger in
seinen Mund und pfiff dann wirklich ganz laut.

10 Manchmal boxte er auch in die Luft. Mit zwei Fäusten
boxte er vor sich hin, als ob jemand da wäre, den er so
boxte. Aber er saß immer auf der Treppe dabei.
Trotzdem hatten die anderen Angst.

Wenn die Kinder aus der Dreierlei-Straße einkaufen
mussten, gingen sie nicht an dem Jungen vorbei.
Sie gingen hinüber auf die andere Seite der Straße.
Und wenn der Junge zu ihnen hinsah, liefen sie
schneller. Manche glaubten, der Junge hätte ein Messer.
Manche glaubten auch, er nähme ihnen das Geld,
das sie zum Einkaufen brauchten, und Spielsachen
machte er sicher kaputt. Ein Junge, der immer so böse
guckte, machte sicherlich alles kaputt. Und bestimmt
haute er kleinere Kinder.
Einmal kam ein Kind zu Besuch in die Dreierlei-Straße
und nach dem Kaffeetrinken kam das Kind heraus.
Es hatte seinen Ball mitgebracht und wollte sehr gerne
spielen. Das Kind ging mit dem Ball zu dem Jungen.
Es wusste ja nicht, dass die anderen vor ihm Angst
hatten.
„Wollen wir spielen?", fragte das Kind diesen Jungen.
Der Junge guckte erstaunt. Dann stand er auf von der
Treppe und lachte.
„Los", sagte der Junge, „wir spielen Torschießen!"
Die anderen Kinder aus der Dreierlei-Straße sahen sich
an, wie der Junge mit dem fremden Kind spielte.
Sie standen weit weg. Aber sie sahen, dass der Junge
auch lachte.
„Vielleicht hat der Junge kein Messer", dachten sie jetzt.
„Vielleicht macht er auch gar nichts kaputt und sicher-
lich haut der Junge auch keinen."
Morgen wollten sie ihn fragen, ob er Lust hätte mit
ihnen zu spielen.

Elisabeth Stiemert

Die Nachbarin ruft:	„Jetzt reicht mir der Krach Ihrer Kinder! So geht es wirklich nicht weiter!"
Die Mutter fragt:	„Was haben Sie gesagt?"
Die Nachbarin ruft:	„So geht es nicht weiter! Ihre Kinder sind uns zu laut!"
Die Mutter ruft:	„Ich habe Sie nicht verstanden!"
Die Nachbarin ruft:	„Ihre Kinder sind uns zu laut!"
Die Mutter ruft:	„Wie bitte? Was meinen Sie?"
Die Nachbarin ruft:	„Ich meine, dass Ihre Kinder zu laut sind! Diesen Krach kann ja niemand ertragen!"
Die Mutter ruft:	„Schade, ich kann Sie nicht richtig verstehen! Meine Kinder sind ziemlich laut!"

Elisabeth Stiemert

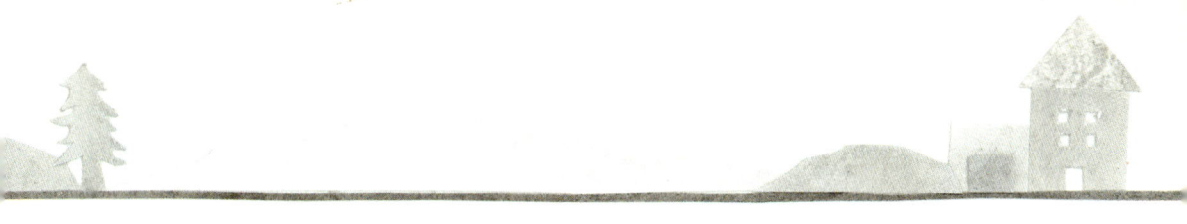

Schulhausmeisterwohnung

Schulhausmeister   Hausmeisterwohnung
Schulhaus   Hausmeister
Schule   Haus
Schultür   Haustür
Schulheft   Hausheft
Schularbeit   Hausarbeit
Schulklingel   Haustürklingel
Schulaufgaben   Hausaufgaben

Meine Lehrerin mag mich nicht

1 Ich heiße Markus. Ich gehe in die zweite Klasse. Früher hatten wir Frau Mai als Lehrerin. Frau Mai konnte ich alles erzählen: von dem Aquarium bei uns zu Hause und von meinem Hamster und von meiner Oma, die so
5 krank war. Aber dann ist Frau Mai weggegangen und wir haben Frau Beck bekommen. Seitdem gefällt es mir in der Schule nicht mehr.
Gleich am ersten Morgen, als Frau Beck auf Frau Mais Stuhl saß, habe ich mich vor ihr gefürchtet.
10 An dem Morgen bin ich nämlich zu spät gekommen. In der Ungerstraße waren zwei Autos zusammengeknallt. Ich habe eine Weile zugeguckt, und als ich in die Klasse kam, saß Frau Beck am Lehrertisch.
Ich wollte von dem Unfall erzählen. Aber sie sah mich
15 so streng an, dass ich vor Schreck nichts sagen konnte. Und ausgerechnet an dem Tag hatte ich noch mein Rechenbuch vergessen!

„Das gefällt mir! Zu spät kommen und bloß die Hälfte mitbringen!", sagte Frau Beck. Da fing ich auch beim Lesen an zu stottern. Und am nächsten Tag konnte ich mein Gedicht nicht richtig.

„Na, Markus, das ist aber kein schöner Anfang mit uns beiden", sagte Frau Beck. „Hoffentlich wird es besser."

Aber es wurde immer schlechter. Frau Beck brauchte mich nur anzusehen,

gleich sagte ich etwas Falsches. Dann meckerte sie wieder. Und meine Hausaufgaben strich sie auch dauernd durch.
„Du musst dir mehr Mühe geben, Markus", sagte sie.
Dabei gab ich mir ja Mühe. Es nützte nur nichts.
„Die mag mich nicht", dachte ich. „Die kann mich nicht leiden."
Doch gestern ist etwas passiert, das muss ich erzählen. Gestern durfte jeder malen, wozu er Lust hatte. „Irgendetwas, das euch besonders gut gefällt", sagte Frau Beck. Da habe ich unser Aquarium gemalt. Ich malte die roten und blauen und silbernen Fische, das grüne Wasser und die Pflanzen. Ich dachte nur noch an mein Bild und nicht an Frau Beck.
Als ich fertig war, kam Frau Beck an meinen Tisch.
„Jetzt meckert sie wieder", dachte ich.
Aber Frau Beck meckerte überhaupt nicht. Sie sagte:
„Das ist schön geworden, Markus!"
Sie hielt mein Bild hoch, damit es alle sehen konnten. Und dann fragte sie: „Schenkst du es mir? Ich möchte es zu Hause an die Wand hängen."
Wirklich, das hat sie gesagt! Und ich glaubte doch immer, sie könne mich nicht leiden.
Ob ich die ganze Zeit etwas Falsches gedacht habe? Vielleicht stimmt es gar nicht, dass Frau Beck mich nicht mag.

Irina Korschunow

Zirkus-Schule

Rings um das Zirkus-Zelt stehen Wagen.
In einem der Wagen
sitzen jeden Morgen zehn Kinder,
Zirkus-Kinder.
Sie sitzen in der Zirkus-Schule.
Was lernen sie dort?
Seiltanzen?
Messerwerfen?
Zaubertricks?
Nein!
Sie lernen,
was alle Kinder in der Schule lernen:
Schreiben,
Lesen,
Rechnen.
Aber nach der Schule,
da üben sie Kunststücke,
z. B.
Zebra-Tanz zu dritt.

Ute Andresen

Muraho!

Sembeba kommt an der Schule vorbei.
Muraho! Muraho! Guten Tag! rufen die Kinder.
Muraho! Muraho! grüßt der Lehrer.
Muraho! grüßt Sembeba traurig.
Seit drei Monaten darf er nicht mehr zur Schule.
Er muss mitverdienen.
Vater Simbomana tröstet ihn:
Bald kannst du wieder zur Schule.
Nun habe ich wieder Arbeit gefunden.

nach Christoph Lutz

Sofie ist ängstlich

Sofie ist nicht da.
Frau Heinrich fragt:
„Wer kann mir sagen, wo Sofie ist?"
Keiner kann das.

Die Kinder lesen.
Da meldet sich Katja:
„Ich muss mal raus!"
„Sei bitte leise. Sonst störst du."
Katja tippelt auf Zehenspitzen und macht die Tür leise hinter sich zu.

Auf dem Flur steht Sofie und guckt vor sich hin.
„Sofie, was machst denn du hier?", fragt Katja.
„Ich bin zu spät gekommen. Jetzt warte ich, bis Pause ist. Das stört sonst."
Katja sagt: „Ich muss mal. Ich bin gleich zurück. Dann gehn wir zusammen rein."

Peter Härtling

Sofie hat einen neuen Pullover

Oma hat Sofie einen Pullover geschenkt.
Er ist knallrot und hat einen Rollkragen.
Sofie findet den Pullover schön.
Die werden in der Schule staunen!
Auf dem Stuhl sitzt sie ganz gerade, damit man den Pullover auch gut sieht.
In der Pause spielt sie nicht mit, damit der Pullover nicht schmutzig wird.
Aber keiner sagt etwas, nicht mal Frau Heinrich.
Am nächsten Tag will sie den Pullover nicht mehr anziehen.
„Du spinnst wohl", sagt Sofies Mutter.
„Nein, ich spinne nicht", sagt Sofie. „Keiner mag den Pullover."
„Wieso?", fragt Mutter.
„Keiner hat was gesagt."
„Hör mal", sagt Mutter, „du hast mir doch erzählt: Olli hat so schöne neue Stiefel. Hast du ihm was dazu gesagt?"
„Nein", sagt Sofie.

Peter Härtling

Glücksbringer

Zu Neujahr verschenken wir oft Dinge, die Glück bringen sollen.

Das Glücksschwein

Früher waren viele
Menschen sehr arm.
Fleisch gab es
nur selten zu essen.
Denn es war sehr teuer.
Wer ein Schwein hatte,
der war reich.
Er war ein glücklicher
Mensch.

Der Schornsteinfeger

Die Menschen heizten
früher mit Holz und Kohle.
Dabei blieb viel Ruß
im Kamin hängen.
Schnell konnte
das Haus brennen.
Deshalb war die Arbeit
des Schornsteinfegers
ganz wichtig.
Er fegte den Kamin
sauber.
Am Jahresende brachte
der Schornsteinfeger
die Rechnung ins Haus
und wünschte dabei
den Bewohnern Glück
fürs neue Jahr.

Das Hufeisen muss
so aufgehängt
werden, dass
das Glück nicht
herausfallen kann.

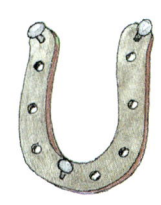

Das Hufeisen

Es gab eine Zeit,
da glaubten viele Leute
an Hexen.
Sie dachten:
Hexen reiten auf einem
Besen durch die Luft.
Bestimmt haben die Hexen
Angst vor Pferden.
Deshalb nagelten die Leute
ein Hufeisen an die Haustür.
Sie wollten das Haus
vor bösen Hexen schützen.
Das Hufeisen durfte man
nicht kaufen.
Man musste es finden.
Dazu brauchte man Glück.

Das vierblättrige Kleeblatt

Das Kleeblatt auf der Wiese
hat meistens drei Blätter.
Ganz selten hat es vier.
Wer ein Kleeblatt
mit vier Blättern findet,
hat viel Glück.

Zwölf mit der Post

Irgendwo am Ende der Welt ist eine Postkutsche an einer Grenzstelle vorgefahren. Die Tür öffnet sich und heraus steigen zwölf Fahrgäste – Frauen und Männer. Der Grenzbeamte lässt sich die Pässe geben und schaut dabei einen nach dem andern an.

Zuerst kommt ein dicker Mann in einem Pelzmantel. „Ich habe es sehr eilig", sagt er. „Denn ich gebe viele Bälle, einunddreißig Tage lang. Im Pass steht mein Name." Der Nächste ist ein vergnügter kleiner Bursch. „Entschuldigen Sie", stellt er sich vor, „ich bin etwas zu kurz geraten, nur achtundzwanzig Tage lang. Aber das Leben macht mir Spaß." Er deutet auf seinen Namen im Pass. Der dritte Herr sieht etwas mager und verfroren aus. Aber er trägt einen Veilchenstrauß im Knopfloch und lächelt still. Schon drängt ihn der Nächste mit einem Regenschirm unterm Arm beiseite. „Warum ziehen Sie denn dauernd Ihre Jacke an und aus?", will der Grenzbeamte wissen. „Ach, wissen Sie, kalt und warm, auf und ab, Regen und Sonnenschein, das macht Vergnügen." Jetzt trippelt eine reizende junge Dame daher. Sie duftet nach Maiglöckchen und trägt einen Singvogel auf dem Hut. „Danke, gnädiges Fräulein", sagt der Beamte höflich und nimmt ihren Pass. Die beiden Nächsten sind Geschwister: eine junge Frau und ihr Bruder. Sie haben wenig Gepäck bei sich, nur Badeanzüge und Sommersachen. Dann schiebt sich eine dicke, gemütliche Frau heran. Sie ist Obsthändlerin, wie

sie sagt, und besitzt eine Limonadenfabrik. „Arbeit und
Brot macht die Wangen rot", sagt sie und nickt dabei.
Der Nächste ist bestimmt ein Maler. Er hat einen grauen
Mantel an und eine schwarze Mütze auf dem Kopf. Ein
Farbkasten ist sein einziges Gepäck. „Platz da!", sagt ein
Gutsbesitzer mit Hund und Gewehr und einer Tasche
voller Nüsse. Er erzählt dem Beamten etwas von der
Landschaft. Aber man kann kein Wort verstehen, weil
der nächste Fahrgast ununterbrochen hustet und sich
in ein riesiges Taschentuch schnäuzt. Der Arme kann
kaum seinen Pass vorzeigen vor lauter Niesen. Ganz
zuletzt steigt eine zarte alte Dame aus der Kutsche.
Sie hat ein Gesicht wie ein Borsdorfer Äpfelchen und
strahlende blaue Augen. In der einen Hand hält sie
einen Blumentopf mit einem Tannenbaum; mit der
andern zerrt sie einen großen Koffer aus der Kutsche.
„Lauter Geschenke", sagt sie. „Bis zum Weihnachts-
abend ist der Baum ganz groß. Dann wird er geschmückt.
Dazu erzähle ich vom Stern von Bethlehem." Die alte
Dame lächelt vergnügt.
„Die zwölf können die Reise fortsetzen", sagt der
Hauptmann in der Wache, „aber immer nur einer auf
einmal. Den Pass behalte ich. Er gilt für jeden einen
Monat. Darf ich bitten?"

Hans Christian Andersen

Alltag

Gleich neben dem Sonntag wohnt der Montag. Der Sonntag und der Montag vertrugen sich nicht miteinander. Es gab Krach, weil den Menschen der Sonntag lieber ist als der Montag. Dem Montag gefiel das nicht. Er war neidisch. Er wollte auch ein Ruhetag werden.
Aber das geht doch nicht, sagten die anderen Wochentage. Wenn wir das alle wollen, dann tut doch keiner mehr was.
Der Montag wollte das nicht einsehen und stellte bei höherer Stelle einen Antrag. Ein wenig Erfolg hatte er damit. Jetzt darf er zweimal im Jahr auch ein Ruhetag sein: zu Ostern und zu Pfingsten. Das ist schon ein bisschen mehr als gar nichts.
Seither vertragen sich der Montag und der Sonntag einigermaßen. Allerdings fühlt sich nun der Dienstag im Nachteil. Auch der Mittwoch, der Donnerstag und der Freitag wollen einen Antrag stellen.
Dann gibt es nur noch Ruhetage. Und was wird das?

Jürgen Spohn

Sonntag

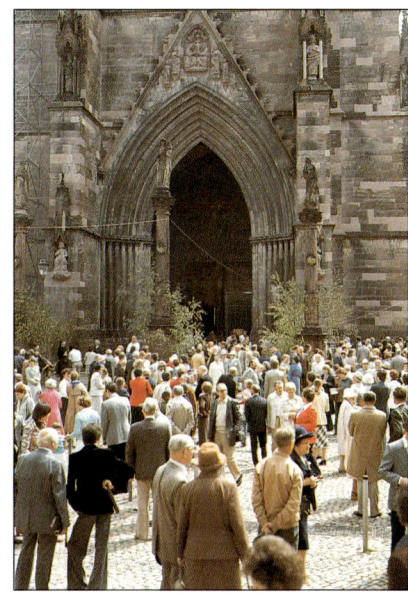

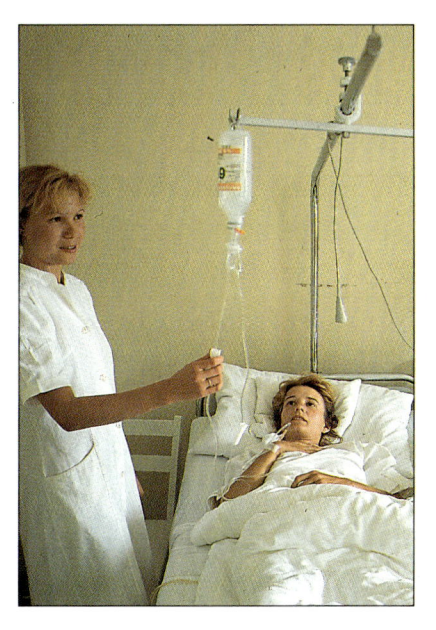

Und jeden Samstag baden...

Mutter erzählt:
Als ich fünf war, habe ich immer auf den Samstag gewartet. Wir wohnten bei Beckerts in der Brinkstraße 7. Unterm Dach. Ein Badezimmer gab es in der Wohnung nicht.

Unsere Badewanne stand im Keller. Sie wurde von allen Hausbewohnern benutzt. Jeden Samstag ging mein Vater in den Keller und zündete das Feuer im Wasserkessel an. Dann hängte er eine Decke auf die gespannte Wäscheleine, genau vor die Wanne, damit uns beim Baden keiner zugucken konnte.

Während mein Vater unten im Keller war, holte meine Mutter die Badetücher aus dem Kleiderschrank. Dann legte sie die braune Wolldecke, in die ich nachher eingewickelt werden sollte, auf den Küchentisch. Und ich saß auf dem Küchenstuhl davor und war schon ganz zappelig vor Ungeduld. Es gab nämlich nichts Schöneres, als mit meinem Vater im Keller zu baden. Er war das Flusspferd und ich das Flusspferdkind, er tauchte unter und zeigte mir, wie man Luftblasen macht, und ich trompetete und das Echo hallte ganz laut durch den Keller. Und niemand kam sich beschweren, dass wir zu laut wären. Am besten aber war das Planschen zum Schluss.

Wir machten riesige Wellen, die über den Wannenrand schwappten und auf den Kellerboden klatschten. Dort lief das Wasser in ein Sieb und versickerte. Ja, die Wellen waren das Beste beim Baden.

Mein Vater stieg immer zuerst aus der Wanne, trocknete sich ab und zog sich an. Dann rubbelte er mich trocken, wickelte mich in die braune Wolldecke und trug mich ganz schnell durchs kalte Treppenhaus nach oben in die warme Wohnung.

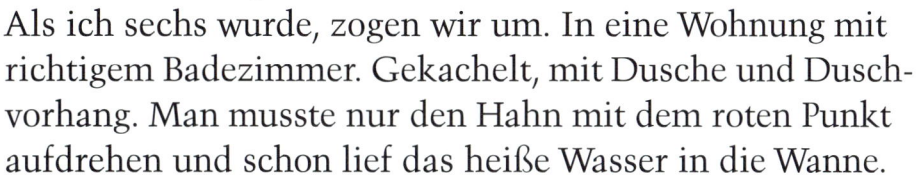

Als ich sechs wurde, zogen wir um. In eine Wohnung mit richtigem Badezimmer. Gekachelt, mit Dusche und Duschvorhang. Man musste nur den Hahn mit dem roten Punkt aufdrehen und schon lief das heiße Wasser in die Wanne. Zuerst gefiel mir das wirklich gut. Ich war richtig stolz auf unser neues Badezimmer. Aber als ich dann zum ersten Mal mit meinem Vater in der Wanne saß und meinen Flusspferdschrei ausstieß, wurde er böse und sagte: „Kannst du nicht leiser sein? Wir wohnen schließlich nicht alleine hier!"

„Aber ich bin doch das Flusspferdkind und du der Flusspferdvater… oder sollen wir lieber Nilkönig spielen oder vielleicht Wassermann?"

„Um Himmels willen, spielt bloß nicht Wassermann", sagte meine Mutter, die mit im Badezimmer war. „Und du spritz nicht so rum! Der ganze Fußboden ist schon nass!"

Da bin ich heulend aus der Wanne gestiegen. „Wenn ich nicht mit Papa spielen darf, will ich nicht mehr mit ihm baden! Nie mehr!"

Als ich später im Bett lag, habe ich gehört, wie mein Vater sagte: „Sie wird eben immer größer. Lass sie ruhig allein baden. Die Wanne ist sowieso für zwei zu klein. Und wahrscheinlich schämt sie sich auch…"

Und das hat gar nicht gestimmt.

Jutta Richter

Das Bauernlied

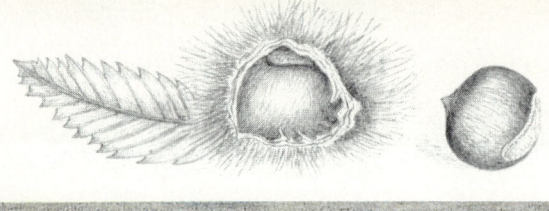

Was nah ist und was ferne,
von Gott kömmt alles her!
Der Strohhalm und die Sterne,
der Sperling und das Meer.

Von ihm sind Büsch und Blätter,
und Korn und Obst von ihm,
von ihm mild Frühlingswetter,
und Schnee und Ungestüm.

Er, er macht Sonnaufgehen,
er stellt des Mondes Lauf,
er lässt die Winde wehen,
er tut den Himmel auf.

Er schenkt uns Vieh und Freude,
er macht uns frisch und rot,
er gibt den Kühen Weide,
und unseren Kindern Brot.

Matthias Claudius

Die Blätter an meinem Kalender

Die Blätter an meinem Kalender,
die sind im Frühling klein
und kriegen goldene Ränder
vom Märzensonnenschein.

Im Sommer sind sie grüner,
im Sommer sind sie fest,
die braunen Haselhühner
erbaun sich drin ihr Nest.

Im Herbst ist Wolkenwetter
und Sonnenschein wird knapp,
da falln die Kalenderblätter,
bums, ab.

Im Winter, wenn die Zeiten hart,
hat es sich auskalendert.
Ich sitze vor der Wand und wart,
dass sich das Wetter ändert.

Peter Hacks

Rätsel

Im Frühling leuchtet's rosenrot,
dann gibt's den Bienen reichlich Brot;
im Sommer ist es grün und klein,
da wird es kaum beachtet sein.
Doch kommt der Herbst,
wird's reif und rund
und wiegt zu dritt ein ganzes Pfund.
Rat: rosenrot und grün und klein
und reif und rund – was mag das sein?

Volksgut

Goldene Welt

Im September ist alles aus Gold:
Die Sonne, die durch das Blau hinrollt,
das Stoppelfeld,
die Sonnenblume, schläfrig am Zaun,
das Kreuz auf der Kirche,
der Apfel am Baum.
Ob er hält? Ob er fällt?
Da wirft ihn geschwind
der Wind in die goldene Welt.

Georg Britting

Der Wind vor dem Richter

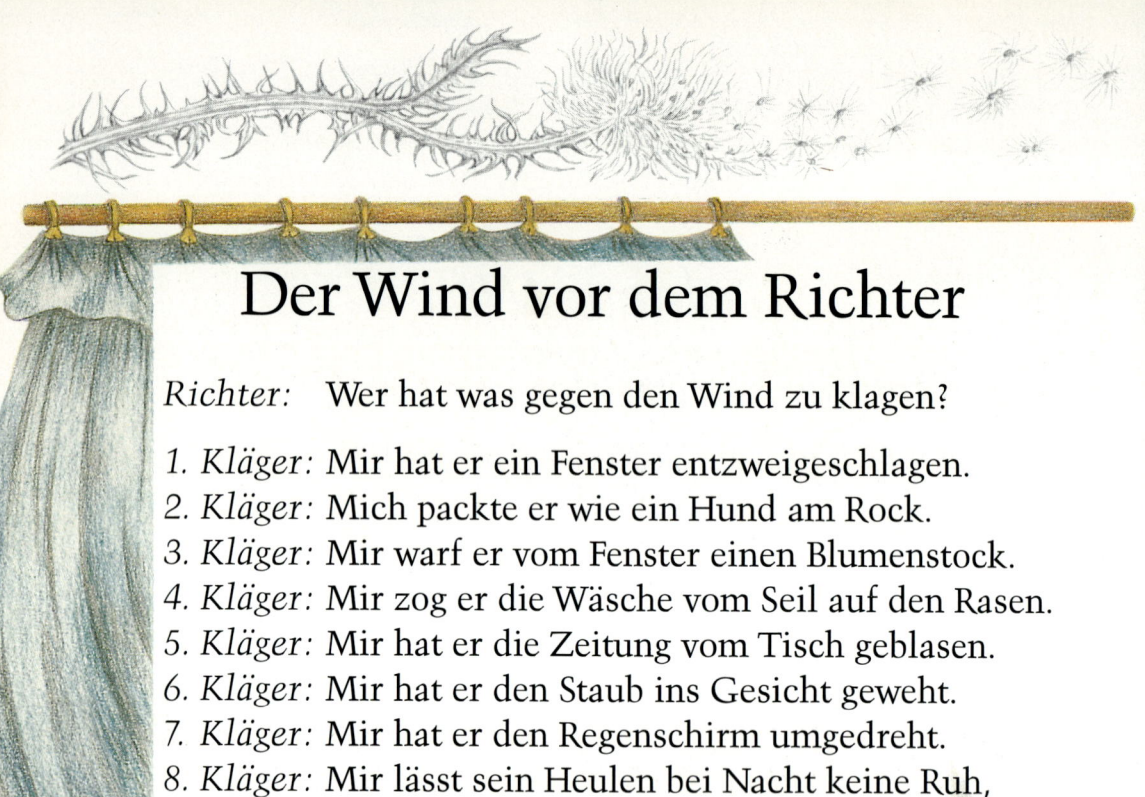

Richter: Wer hat was gegen den Wind zu klagen?

1. Kläger: Mir hat er ein Fenster entzweigeschlagen.
2. Kläger: Mich packte er wie ein Hund am Rock.
3. Kläger: Mir warf er vom Fenster einen Blumenstock.
4. Kläger: Mir zog er die Wäsche vom Seil auf den Rasen.
5. Kläger: Mir hat er die Zeitung vom Tisch geblasen.
6. Kläger: Mir hat er den Staub ins Gesicht geweht.
7. Kläger: Mir hat er den Regenschirm umgedreht.
8. Kläger: Mir lässt sein Heulen bei Nacht keine Ruh,
   er bläst im Kamin und schlägt Läden zu.

Richter: Das sind ja ganz böse Geschichten.
   Wer weiß nun was Gutes vom Wind zu berichten?

1. Zeuge: Mir wär ohne Wind noch kein Drachen gestiegen.
2. Zeuge: Auch ich kann ihn brauchen beim Segelfliegen.
3. Zeuge: Er trocknet die Wäsche und trocknet die Erde.
4. Zeuge: Er lenkt doch die Wolken wie der Hund seine Herde.
5. Zeuge: Er ist auch ganz lustig, wenn er spielt mit den Hüten.
6. Zeuge: Und macht er nicht fruchtbar Millionen von Blüten?
7. Zeuge: Auch muss er die Flügel der Windmühlen drehen, dem Wind soll darum kein Leid geschehen.

Richter: Man bringe den Angeklagten hierher, dann stelle er sich mal selber zur Wehr.

Diener: Herr Richter, ich suchte im ganzen Haus, ich glaube, er flog zum Schornstein hinaus.

Richter: Dann ist er freilich nicht mehr zu fassen. Wir wollen ihn weiterhin blasen lassen.

Oskar Dreher

Herbstwind

Erst spielt der Wind nur Fußball
mit Vaters bestem Hut,
dann schüttelt er die Bäume,
die Blätter riechen gut,

und lässt die Drachen leben
und wringt die Wolken aus.
Der Herbstwind lässt uns beben,
wir gehen nicht nach Haus.

Günter Ullmann

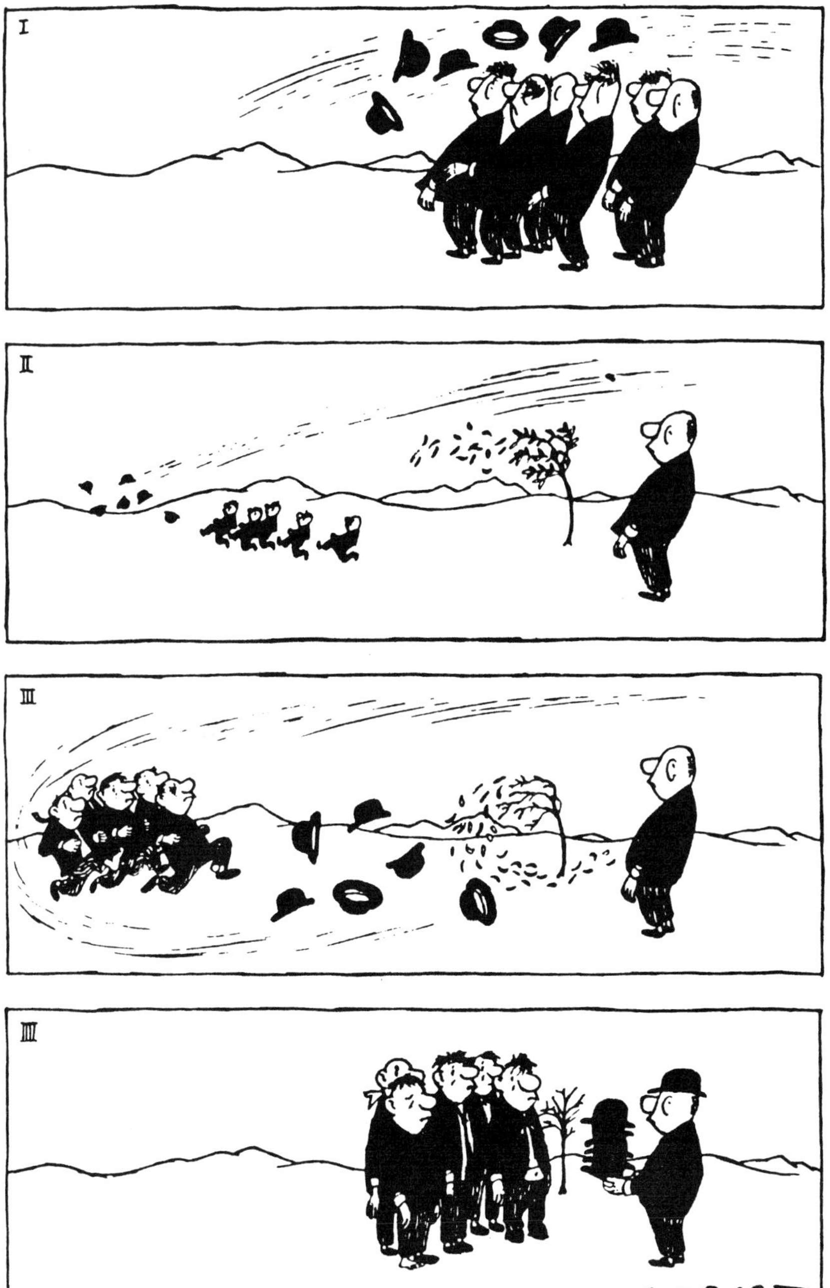
I
II
III
IIII
LORIOT

Novemberwetter

Klitsch, klitsch, klatsch,
der Hund fällt in den Matsch.
Die Gretel, die am Wege sitzt,
die heult, denn sie ist voll gespritzt.
Klitsch, klitsch, klatsch,
das ist Novembermatsch.

Plim, plim, plam,
wir waten durch den Schlamm.
Die Damen rufen: Ih und huh!
Die Herren tragen Gummischuh.
Plim, plim, plam,
das ist Novemberschlamm.

Klick, klick, kleck,
der Pudel tollt im Dreck.
Und als der Pudel kommt nach Haus,
da sieht er wie ein Igel aus.
Klick, klick, kleck,
das ist Novemberdreck.

James Krüss

Spiellied vom Heiligen Martin

Ein ar-mer Mann, ein ar-mer Mann, der klopft an vie-le Tü-ren an.
Er hört kein gu-tes Wort und je-der schickt ihn fort.

2.
Ihm ist so kalt. Er friert so sehr.
Wo kriegt er etwas Warmes her?
Er hört kein gutes Wort
und jeder schickt ihn fort.

3.
Der Hunger tut dem Mann so weh,
und müde stapft er durch den Schnee.
Er hört kein gutes Wort
und jeder schickt ihn fort.

4.
Da kommt daher ein Reitersmann,
der hält sogleich sein Pferd hier an.
Er sieht den Mann im Schnee
und fragt: „Was tut dir weh?"

5.
Er teilt den Mantel und das Brot
und hilft dem Mann in seiner Not
so gut er helfen kann.
Sankt Martin heißt der Mann.

6.
Zum Martinstag steckt jedermann
die leuchtenden Laternen an.
Vergiss den andern nicht!
Drum brennt das kleine Licht.

Melodie: Hans-Werner Clasen
Text: Rolf Krenzer

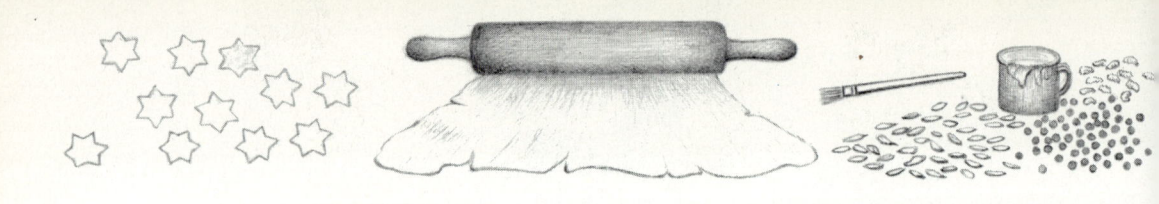

Die Geschichte
vom beschenkten Nikolaus

Einmal kam der heilige Nikolaus am 6. Dezember zum kleinen Klaus. Er fragte ihn: „Bist du im letzten Jahr auch brav gewesen?" Klaus antwortete: „Ja, fast immer."
Der Nikolaus fragte: „Kannst du mir auch ein schönes Gedicht aufsagen?"
„Ja", sagte Klaus.

> „Lieber, guter Nikolaus,
> du bist jetzt bei mir zu Haus,
> bitte leer die Taschen aus,
> dann lass ich dich wieder raus."

Der Nikolaus sagte: „Das hast du schön gemacht."
Er schenkte dem Klaus Äpfel, Nüsse, Mandarinen und Plätzchen.
„Danke", sagte Klaus.
„Auf Wiedersehen", sagte der Nikolaus. Er drehte sich um und wollte gehen.
„Halt!", rief Klaus.
Der Nikolaus schaute sich erstaunt um: „Was ist?", fragte er.
Da sagte Klaus: „Und was ist mit dir? Warst du im letzten Jahr auch brav?"
„So ziemlich", antwortete der Nikolaus.
Da fragte Klaus: „Kannst du mir auch ein schönes Gedicht aufsagen?"
„Ja", sagte der Nikolaus.

> „Liebes, gutes, braves Kind,
> draußen geht ein kalter Wind,
> koch mir einen Tee geschwind,
> dass ich gut nach Hause find."

„Wird gemacht", sagte Klaus.
Er kochte dem Nikolaus einen heißen Tee. Der Nikolaus schlürfte ihn und aß dazu Plätzchen. Da wurde ihm schön warm. Als er fertig war, stand er auf und ging zur Türe.
„Danke für den Tee", sagte er freundlich.
„Bitte, gerne geschehen", sagte Klaus. „Und komm auch nächstes Jahr vorbei, dann beschenken wir uns wieder."
„Natürlich, kleiner Nikolaus", sagte der große Nikolaus und ging hinaus in die kalte Nacht.

Alfons Schweiggert

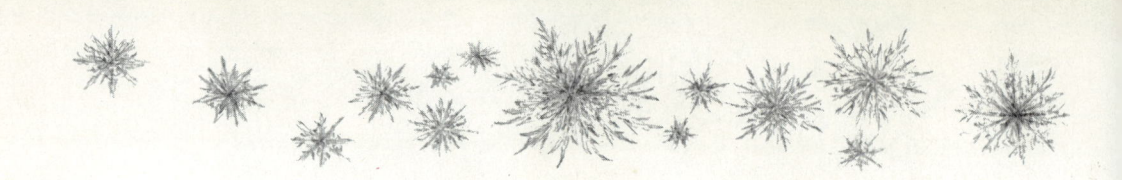

Der Bratapfel

Kinder, kommt und ratet,
was im Ofen bratet!
Hört, wie's knallt und zischt!
Bald wird er aufgetischt,
der Zipfel, der Zapfel,
der Kipfel, der Kapfel,
der gelbrote Apfel.

Kinder, lauft schneller;
holt einen Teller,
holt eine Gabel!
Sperrt auf den Schnabel
für den Zipfel, den Zapfel,
den Kipfel, den Kapfel,
den goldbraunen Apfel.

Sie pusten und prusten,
sie gucken und schlucken,
sie schnalzen und schmecken,
sie lecken und schlecken
den Zipfel, den Zapfel,
den Kipfel, den Kapfel,
den knusprigen Apfel.

Fritz und Emilie Kögel

Will sehen, was ich weiß vom Büblein auf dem Eis

Gefroren hat es heuer
noch gar kein festes Eis.
Das Büblein steht am Weiher
und spricht so zu sich leis:
„Ich will es einmal wagen,
das Eis, es muss doch tragen."
Wer weiß?

Das Büblein stampft und hacket
mit seinen Stiefelein.
Das Eis auf einmal knacket
und krach! schon bricht's hinein.
Das Büblein platscht und krabbelt
als wie ein Krebs und zappelt
mit Schrei'n.

„O helft, ich muss versinken
in lauter Eis und Schnee!
O helft, ich muss ertrinken
im tiefen, tiefen See!"
Wär nicht ein Mann gekommen,
der sich ein Herz genommen –
o weh!

Der packt es bei dem Schopfe
und zieht es dann heraus
vom Fuße bis zum Kopfe
wie eine Wassermaus.
Das Büblein hat getropfet,
der Vater hat's geklopfet
zu Haus.

Friedrich Güll

Der Hirte

Auf dem Berge Nebo lebte einst ein alter Hirte. Er weidete seine Schafe und blies dazu auf seiner Hirtenflöte.
Auf dem Berg gab es kein anderes Haus als seine alte Hütte, zu der führte ein schmaler Pfad. Der Hirte war einsam und arm.
Eines Nachts, als er unter den Palmen eingeschlafen war, hatte er einen Traum: Ein großer, heller Stern zog am Himmel herauf. Einen solchen hatte er noch nie gesehen. Und ein Engel kam, der sprach: „Fürchte dich nicht, ich verkünde dir große Freude. Heute Nacht ist das Christuskind geboren. Wach auf und folge dem Stern!" Der Hirte wachte auf. Da stand der große, helle Stern über ihm. Eilig weckte er seine Schafe, nahm Stab und Flöte und folgte dem Stern.
Er zog ihm nach über Berge und Täler und die Schafe gingen hinterdrein.
Sie kamen in eine schöne Stadt. Da dachte der Hirte: Hier werde ich das Christuskind finden. Aber der Stern führte ihn weiter.
Sie kamen an ein prächtiges Schloss.
Wieder dachte der Hirte: Hier werde ich das Christuskind finden. Aber der Stern führte ihn weiter.
Sie kamen an ein einsames Feld. Da stand eine alte Hütte, zu der führte ein schmaler Pfad. Der Hirte wollte umkehren, er glaubte, er hätte sich verirrt. Aber der Stern neigte sich und blieb über der Hütte stehen.

1 Erstaunt trat der Alte näher. Da lag das Kind auf Heu und Stroh in einer Futterkrippe. Maria und Joseph waren eingeschlafen. Das Kind aber schaute den Hirten an und er erschrak. „Du bist das Christuskind", sagte
5 er, „und du bist so arm! In einer Hütte bist du geboren, du hast keine Wiege, in einer Krippe musst du liegen auf Heu und Stroh." Und er zog seinen Mantel aus und deckte das Kindlein damit zu. Da lächelte das Christuskind und der alte Hirte vergaß alle Armut. Er sagte:
10 „Ich weiß nun, der Himmel und die Erde sind dein." Und seine Freude wurde übergroß.

Helga Aichinger

Unser Christbaum

Die
Spitze
schmückt
ein gelber
Strohstern.
In diesem Jahr
haben wir dunkelrote
Äpfel und Herzen
aus Salzteig an die Äste und
Zweige gehängt. Dazu
passen die roten Wachskerzen.
Wir haben ganz viele an den Baum
gesteckt. Sie gefallen uns besser als
elektrische Christbaumkerzen. Am Heiligabend
zünden wir sie an. Das Wohnzimmer ist dann
hell erleuchtet. Der dicke Stamm des Christbaumes
steckt in
einem
Eisenständer.
Unter dem Baum steht die Weihnachtskrippe
und daneben liegen unsere Geschenke für meine
Schwester, unsere Eltern und Omas und für mich.

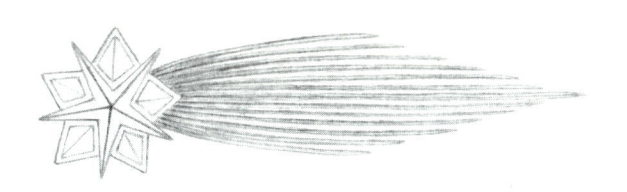

Dezember

Im Stall bei Esel, Ochs und Rind
zur Nacht geboren ward das Kind.
Und wieder still wie ehedem
der Stern leucht über Bethlehem.
Gott in der Höh sei Preis und Ehr
und Fried den Menschen weit umher.

Gevatter, schlachte du ein Schwein,
back Honigbrot, fahr auf den Wein
und heiz die Stuben nach Gebühr,
dass uns das Kindlein ja nicht frier!
Wir feiern's mit bei Trank und Schmaus:
Die Glock schlägt zwölf – das Jahr ist aus.

Josef Weinheber

Die drei Spatzen

In einem leeren Haselstrauch
da sitzen drei Spatzen, Bauch an Bauch.

Der Erich rechts und links der Franz
und mittendrin der freche Hans.

Sie haben die Augen zu, ganz zu,
und oben drüber, da schneit es, hu!

Sie rücken zusammen, dicht an dicht,
so warm wie der Hans hat's niemand nicht.

Sie hör'n alle drei ihrer Herzlein Gepoch,
und wenn sie nicht weg sind, so sitzen sie noch.

Christian Morgenstern

Schneemann, Schneemann, braver Mann!

1 Es war ein schöner, sonniger Wintertag. Der Himmel erstrahlte in klarem Blau. Der Schnee leuchtete weiß und rein wie ein frisch gewaschenes Leintuch. Die kleine Hexe saß mit dem Raben Abraxas am Waldrand und sonnte
5 sich. Auf einmal vernahmen sie Kinderstimmen und fröhlichen Lärm in der Nähe. Die kleine Hexe schickte den Raben Abraxas aus, dass er nachsehe, was es da gäbe. Als er nach einer Weile zurückkehrte, sagte er:
„Ein paar Kinder sind es, so kleine Stöpsel von sechs oder
10 sieben Jahren. Die bauen sich auf der Wiese, hinter den Hecken dort, einen Schneemann."
„Den muss ich mir ansehen!", sagte die kleine Hexe. Und weil es ja bis zu der Wiese hinter den Hecken nicht weit war, ging sie zu Fuß hin.
15 Der Schneemann war eben fertig geworden. Er trug im Gesicht eine lange Mohrrübennase und Augen aus Kohlenstückchen. Sein Hut war ein alter, verbeulter Kochtopf. In der rechten Hand hielt er stolz einen Reisigbesen. Die Kinder bemerkten die kleine Hexe nicht, als sie hinter
20 der Hecke hervortrat. Sie hielten sich an den Händen gefasst und umtanzten den Schneemann.

1 Sie hüpften dabei von einem Bein auf das andere.
Dazu sangen sie:
"Schneemann, Schneemann, braver Mann,
hast ein weißes Röcklein an!
5 Trägst auf deinem dicken Kopf
einen alten Suppentopf!
Rübennase im Gesicht –
Schneemann, Schneemann, friert dich nicht?"
Die kleine Hexe freute sich über den prächtigen
10 Schneemann und über die Kinder. Am liebsten hätte sie
mitgetanzt.

Aber da kamen mit einem Mal aus dem nahen Wald ein
paar große Jungen hervorgestürmt, sieben an der Zahl.
Die stürzten sich mit Geschrei auf den Schneemann und
15 warfen ihn um. Den Suppentopf traten sie mit den Füßen.
Und den Kindern, die eben noch fröhlich getanzt hatten,

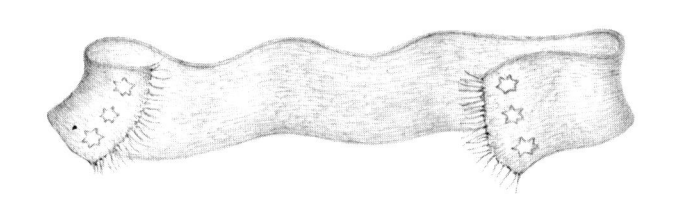

rieben sie die Gesichter mit Schnee ein. Wer weiß, was sie sonst noch mit ihnen getrieben hätten, wenn nicht die kleine Hexe dazwischengefahren wäre.
„He!", rief sie zornig den Bengeln zu. „Wollt ihr die Kinder in Ruhe lassen! Ich wichse euch mit dem Besen durch, wenn ihr nicht aufhört!"
Da liefen die großen Jungen davon. Aber der schöne Schneemann war hin. Darüber waren die Kinder sehr traurig. Das konnte die kleine Hexe verstehen. Sie wollte die Kinder trösten und riet ihnen:
„Baut euch doch einen neuen Schneemann!"
Da sagten die Kinder: „Ach, wenn wir uns einen neuen Schneemann bauen, dann werden die großen Jungen den neuen Schneemann auch wieder umwerfen.
„Baut ihr nur ruhig!", machte die kleine Hexe den Kindern Mut. „Ihr braucht vor den großen Jungen keine Angst zu haben! Wenn sie noch einmal wiederkommen, dann werden sie ihren Lohn kriegen. Verlasst euch darauf!"
Die Kinder ließen sich überreden, sie bauten nun doch einen neuen Schneemann. Der wurde sogar noch viel schöner und stattlicher als der erste, denn diesmal half auch die kleine Hexe mit.
Als aber der neue Schneemann fertig war, dauerte es gar nicht lang und wieder kamen die sieben Bengel mit lautem Geschrei aus dem Wald gestürmt. Da erschraken die Kinder und wollten davonlaufen.
„Bleibt!", rief die kleine Hexe, „und seht, was geschehen wird!"
Was geschah, als die sieben heranstürmten?

1 Plötzlich begann sich der neue Schneemann zu regen. Er schwang seinen Reisigbesen wie eine Keule und wandte sich gegen die großen Jungen.
Dem ersten haute er eins mit dem Besenstiel über die
5 Pudelmütze. Dem zweiten versetzte er mit der linken Hand einen saftigen Nasenstüber. Den dritten und den vierten nahm er beim Wickel und stieß sie so ungestüm mit den Köpfen zusammen, dass es nur so bumste. Den fünften schleuderte er gegen den sechsten, dass beide der
10 Länge nach hinfielen und auch den siebenten noch mit umrissen.
Als sie nun alle dalagen, packte der Schneemann den Besen und fegte damit einen hohen Schneehaufen über den Kerlen zusammen.
15 Das hatten sie nicht erwartet!
Sie wollten um Hilfe rufen, aber sie schluckten dabei nur Schnee. Verzweifelt zappelten sie mit den Armen und Beinen. Als sie sich endlich mit vieler Mühe freigestrampelt hatten, suchten sie entsetzt das Weite!
20 Der Schneemann ging seelenruhig an seinen Platz zurück und erstarrte wieder. Da stand er nun, als ob gar nichts geschehen wäre.
Die Kinder jubelten, weil die großen Jungen nun ganz gewiss nie mehr kommen würden – und die kleine Hexe
25 lachte über den gelungenen Streich so laut, dass ihr die Tränen in die Augen traten und der Rabe Abraxas erschrocken ausrief:
„Aufhören, aufhören, sonst platzt du!"

Otfried Preußler

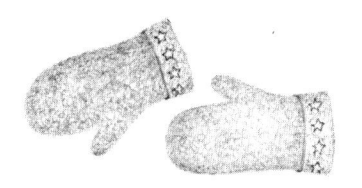

Fertig

Spaß mit Hut

Hallo Paula,
Freitag feierte unsere Klasse ein Hütefest. In unserem Flurschrank fand ich einen Strohhut. Papa brachte mir aus der Stadt bunte, dicke Pfeifenputzer mit. Daraus bog ich lauter Kringel und Spiralen. Ich steckte sie durch kleine Löcher im Hut. Es sah aus wie lauter bunte Locken oder Funkantennen von Marsmännchen.
Zuletzt fand ich noch Federn, die steckte ich oben an den Hut. Bei manchen Kindern wackelten die Hüte, meiner saß fest, darum konnte ich beim Hütetanz große Sprünge machen.
Bis bald
deine Anne

Liebe Tante Gertrud,
auf unser Kostümfest wollte ich gern mit einem Frauenhut gehen. Leider hatte ich nur einen alten Männerhut gefunden. Aber ich machte mir daraus einen Frauenhut. Das ging so:
Rund um die Krempe legte ich lauter Tortenspitzen. Mit einem

Spaß mit Hut

Lieber Opa,

für unser Hütefest hatte ich mir deinen alten Zylinder genommen. Du musst keine Angst haben, es ist ihm nichts passiert. Mama hat mir gesagt, dass er ein altes Erbstück von 1900 ist. Deshalb wickelte ich um den Hut Geschenkband und befestigte daran viele bunte Luftballons. Das sah sehr lustig aus. Als wir beim Hütefest tanzten, musste ich den Kopf ganz steif halten, damit der Hut nicht herunterfiel. Darüber haben die Eltern gelacht.

Herzliche Grüße
dein Christian

...sa Stoffstreifen band ich ...ie fest und machte noch eine ...roße Schleife für eine Seite. Manchmal wollte mein Hut beim Tanzen rutschen, weil er ein bisschen zu groß war. Viele liebe Grüße von
deiner Kathrin

Für alle Hüte verwendest du am besten Wellpappe von alten Kartons (Frage im Lebensmittelladen oder Supermarkt danach).

MODELL A

← Kopfumfang

Zum Befestigen: Kleber, Klammern, Hefter

Strohhalme Pappscheibe

A

Ein Loch in die Pappscheibe stechen. Wolle hindurchziehen, verknoten. An dem Pappring befestigen.

Hier sind Apfelsinen-, Zitronen- und Zwiebelnetze befestigt.

MODELL B

je nach Hutgröße

Loch

Kopfumfang

Nicht vergessen:
Alle Teile vor dem Zusammenfügen bemalen!

Löcher in die Pappscheibe stechen. Strohhalme hindurchstecken.

B //

Dazu eine Mütze aus einem großen Bogen Packpapier.

Mehrere Streifen aus Wellpappe schlangenförmig am Pappring befestigen.

A //

Der Frühling kommt bald

Herr Winter,
Geh hinter,
Der Frühling kommt bald!
Das Eis ist geschwommen,
Die Blümlein sind kommen,
Und grün wird der Wald.

Herr Winter,
Geh hinter,
Dein Reich ist vorbei.
Die Vögelein alle,
Mit jubelndem Schalle,
Verkünden den Mai!

Christian Morgenstern

Der tollpatschige Osterhase

Es war einmal ein kleiner, tollpatschiger Osterhase. Dem fiel beim Ostereiermalen immerzu der Pinsel hin oder er tupfte mit der Nase oder mit den Ohren in die Farbe. So hatte er schließlich eine rote Nase, ein gelbes und ein grünes Ohr, ein blaues und ein weißes Bein und ein violettes Puschelschwänzchen.

Alle anderen Osterhasen lachten, wenn sie ihn sahen: „Hahaha, du hast ja eine ganz rote Nase", und: „Hahaha, du hast ja ein gelbes Ohr", und so weiter.

Zum Schluss fiel ihm der ganze Farbtopf um und auf dem Boden gab es eine große Pfütze. „Ach du liebe Zeit!", rief der kleine Osterhase. Und dabei stieß er aus Versehen an den Tisch, und alle Eier, die er schon angemalt hatte, und auch die, die er noch nicht angemalt hatte, fielen hinunter in die bunte Pfütze. Es war noch ein Glück, dass sie nicht kaputtgingen, denn der Waldboden war weich vom Moos und von den Gräsern.

Wieder lachten die anderen Hasen über den armen kleinen Tollpatsch und der weinte eine Zeit lang.

Aber als er anfing, die Eier wieder in den Korb einzusammeln, da sah er, dass sie in der bunten Farbpfütze ganz wunderschön geworden waren. Auf manche Eier hatten sich kleine Gräser und Blumen gelegt und an diesen Stellen waren sie weiß geblieben, während sie sonst ganz bunt wie ein Regenbogen aussahen.

Als die anderen Hasen sahen, wie schön die Eier des kleinen Tollpatsches geworden waren, da hörten sie schnell auf zu lachen und wurden ganz still. Auch die Kinder haben nachher zu Ostern am liebsten die schönen, bunten Eier des tollpatschigen Osterhasen gegessen. Als die Kinder seine Eier im Wald suchten und sich über die besonders schönen Regenbogenfarben und die Gräser und Blumen darauf freuten, da hat der kleine, tollpatschige Osterhase hinter einem Busch gesessen und zugeschaut und hat ganz leise gelacht.

Heinrich Hannover

Ein Osterhase

Ein
Oster-
hase sah
hinter einem
parkenden Auto
auf der Landstraße
das rote Dreieck stehen.
„Ei, ei!", sagte der Osterhase. „Untersteh dich!", rief
das Dreieck. „Rühr mich nicht
an! Was bleibt von mir übrig, wenn
du . . . ." „Ein Dreck!", sagte der
Osterhase, nahm das Ei und ging davon.

Mira Lobe

April, April

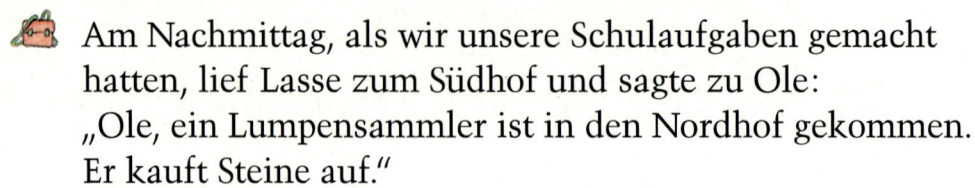

Am Nachmittag, als wir unsere Schulaufgaben gemacht hatten, lief Lasse zum Südhof und sagte zu Ole:
„Ole, ein Lumpensammler ist in den Nordhof gekommen. Er kauft Steine auf."

„Steine kauft er auf?", fragte Ole, der ganz vergessen hatte, dass erster April war. „Was denn für Steine?"

„Na, solche Steine, wie ihr sie hier im Garten habt", sagte Lasse. Und Ole fing an, so viele Steine, wie er konnte, in einen Sack zu sammeln. Und dann hastete er mit dem vollen Sack zum Nordhof. Dort war wirklich ein Mann, aber der kaufte nur Lumpen und Flaschen.

„Bitte, hier haben Sie noch meine Steine", sagte Ole. Er schleppte dem Mann den Sack entgegen und sah ganz verzückt aus.

„Steine?", sagte der Mann und begriff nichts. „Sagtest du Steine?"

„Und ob", sagte Ole und sah noch verzückter aus. „Richtige, prima Feldsteine sind es. Ich habe sie selbst in unserem Garten aufgesammelt."

„Ach so", sagte der Mann, „da haben sie dich aber schön angeführt, mein lieber Freund."

Da erinnerte sich Ole, dass ja erster April war. Sein Gesicht lief rot an, und er nahm den Sack über die Schulter und zog damit wieder nach Hause, ohne ein Wort zu sagen.

Aber hinter dem Zaun stand Lasse und schrie laut: „April, April!"

Astrid Lindgren

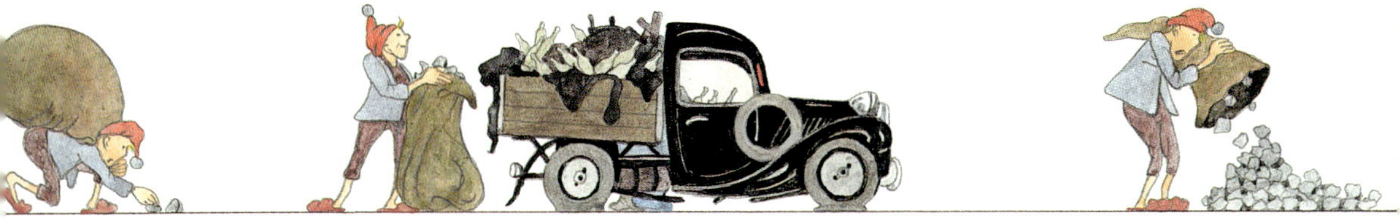

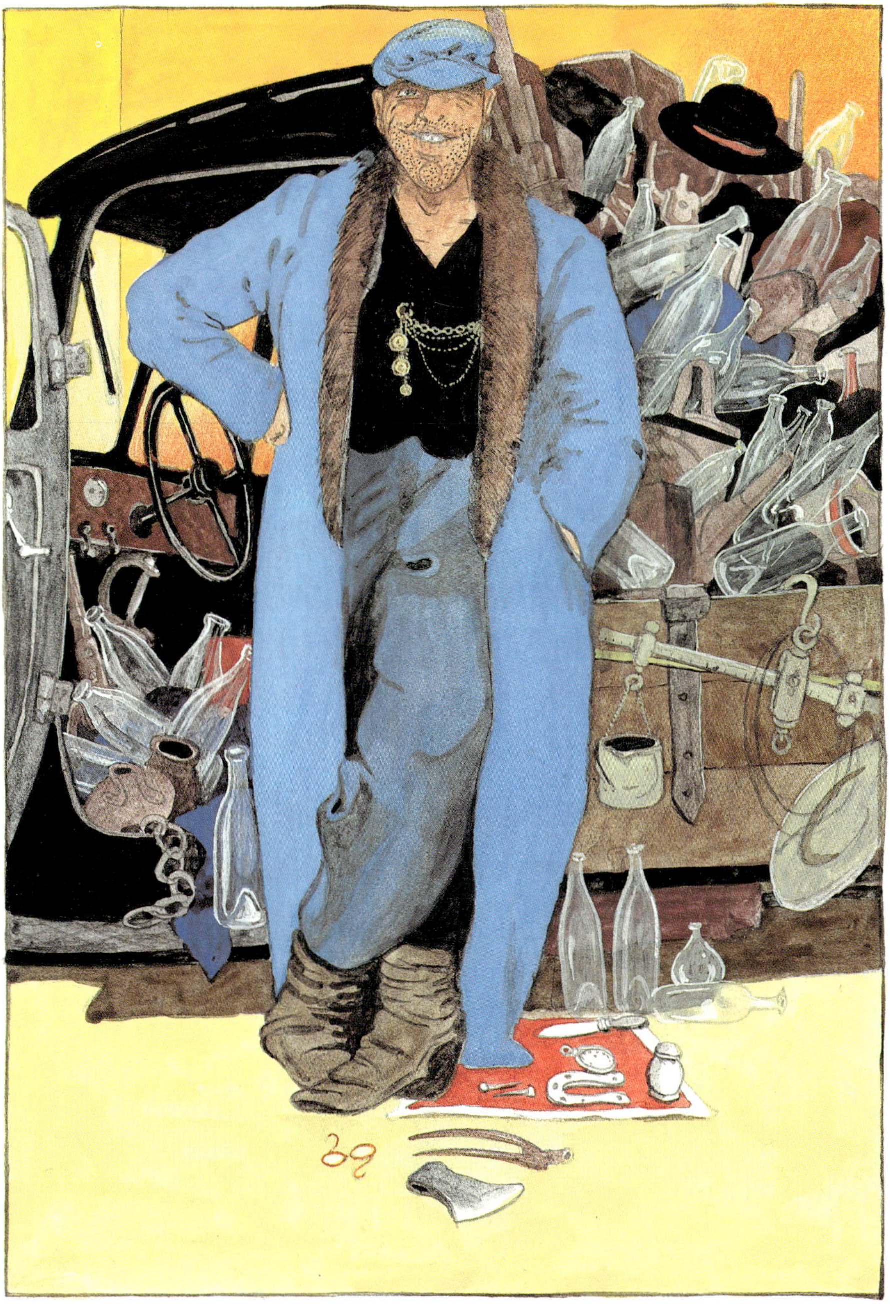

Liebe Mutter!
Ich wünsch dir Glück und Fröhlichkeit
die Sonne soll dir lachen!
So gut ich kann und allezeit
will ich dir Freude machen.

Denn Muttertage, das ist klar,
die sind an allen Tagen.
Ich hab dich lieb das ganze Jahr!
Das wollte ich dir sagen.

Ursula Wölfel

Die Tulpe

Dunkel
war alles und Nacht.
In der Erde tief
die Zwiebel schlief,
die braune.

Was ist das für ein Gemunkel,
was ist das für ein Geraune,
dachte die Zwiebel,
plötzlich erwacht.
Was singen die Vögel da droben
und jauchzen und toben?

Von Neugier gepackt,
hat die Zwiebel einen langen Hals gemacht
und um sich geblickt
mit einem hübschen Tulpengesicht.

Da hat ihr der Frühling entgegengelacht.

Josef Guggenmos

Beim Gewitter

Beim Gewitter, wenn es gießt
und aus allen Wolken schießt
und du kommst nicht mehr nach Haus:
Weiche vor den Bäumen aus!

Denn wie leicht, das ist kein Witz,
schlägt in einen Baum der Blitz:
Krachpengrollerbollerbumm!
Und der schöne Baum –
oder du fällst um.

Aus dem Schutz der Linden
immer gleich verschwinden!

Von den festen Eichen
sollst du schleunigst weichen.

Und sogar die Palmen
bringt der Blitz zum Qualmen.

Nur ganz dumme Gören
flüchten unter Föhren.

Flüchte mit Gezappel
vor der dünnen Pappel.

Eva Rechlin

101

So sehen heute die Pferde aus

1 Als die Eltern sagten: „Wir machen Urlaub auf dem Bauernhof", da freute sich Sonja. Sie stellte sich den Bauernhof so vor wie den im Kinderzimmer: mit Kühen und Kälbern, mit Schafen und Lämmern, mit Hühnern und
5 Gänsen und Enten. Vor allem aber mit Pferden und Fohlen. Als die Eltern sagten: „Der Bauer hat einen Buben, der ist genauso alt wie du, Peter heißt er", da freute sich Sonja noch einmal.
Zwei Wochen lang hat sie sich gefreut, jeden Tag ein
10 bisschen mehr.
Am Freitagnachmittag kommen sie im Dorf an.
„Wir sind da", sagt der Vater. „Das ist der Hausnerhof."
Er stellt das Auto unter den großen Kastanienbaum.
Die Eltern holen die Koffer und Taschen heraus.
15 Der Hof hat ein breites grünes Tor. Sonja muss sich strecken, um die Türklinke zu erreichen. Das muss sie sonst schon lang nicht mehr. Das Tor knarrt laut, als Sonja es öffnet.
Da stürmt ein Riesenhund auf sie zu. Sein Schwanz fegt
20 hin und her. Sonja bleibt erschrocken stehen.
Der Riesenhund bleibt nicht stehen. Er springt an Sonja hoch. Er legt beide Pfoten auf ihre Schulter und wirft sie um. Sie landet mitten in einer Pfütze. Über ihr das Hunde-Riesen-Maul. Jetzt fährt auch noch die Riesen-Hunde-
25 Zunge über Sonjas Gesicht.
Sonja schreit. Der Riesenhund hechelt. Die Eltern kommen gelaufen. Eine Frau ruft: „Hierher, Barry!"

1 Die Frau packt den Riesenhund am Halsband und sperrt
ihn in die Waschküche. Sonja steht auf und versucht ihre
Hose abzuputzen. Davon wird sie noch dreckiger.
Auf der Treppe sitzt ein Bub und lacht. Er hält sich den
5 Bauch vor Lachen.
Das ärgert Sonja.
„Der Peter meint's nicht bös", sagt Frau Hausner.
„Kinder sind halt so", sagt der Vater.
Das ärgert Sonja noch mehr.
10 Frau Hausner zeigt die Gästezimmer, ein großes für die
Eltern, ein kleines für Sonja.

1 Sonja packt ihre Sachen aus. Sie pfeffert alles in den Schrank. Quer durch das halbe Zimmer. Das hilft ein bisschen.
Die Mutter kommt und holt Sonja, um mit ihr den Hof
5 anzuschauen. Sie gehen in den Stall. Knapp über ihren Köpfen flitzt eine Schwalbe hinaus ins Freie. Die Melkmaschine läuft. Die Kühe stehen da und glotzen, als ginge sie das alles nichts an.
Peter kommt in den Stall und zeigt ihnen alles. In einem
10 Verschlag ist ein schwarzweißes Kalb. Ganz kleine Locken hat es auf der Stirn. Sonja krault es. Unter den Locken spürt sie die harten Knochen. Dort werden einmal die Hörner wachsen. Das Kalb steckt sein weiches Maul in ihre Hand. Das kitzelt.
15 „Maxl heißt er", sagt Peter. „Er ist gerade zehn Tage alt."
Die Kühe wedeln mit ihren Schwänzen die Fliegen fort. Sonja springt jedes Mal zurück. Einen Kuhschwanz im Gesicht, das will sie nicht so gern.
„Wo sind die Pferde?", fragt sie.
20 „Komm, ich zeig sie dir", sagt Peter.
Er führt Sonja in den Schuppen. Dort stehen zwei Traktoren. Einer ist rot, einer ist gelb. Beide sind riesig. Peter zeigt auf die Traktoren. „Das sind sie. Das sind unsere Pferde." Er lacht schon wieder. „Hast du ihnen
25 Zucker mitgebracht?"

Renate Welsh

Vor Müdigkeit umfallen

*atemlos
erhitzt
erschöpft
nach einem reichen,
langen langen Tag,
der viel zu kurz war.*

Hans Manz

Bonjour! **Guten Morgen!** Dobroje Utro!
Frankreich   Russland

Grüezi!   Gódan Daginn!   Ciao!
Schweiz   Merhaba!   Island   Italien
          Türkei

Good morning!   Pin on!   Schalom!   Kalimera!
England   China   Israel   Griechenland

¡Buenos dias!
Spanien

Guten Morgen!

Menschennamen aus zweiundzwanzig Ländern

Land	Mädchen	Jungen	Land	Mädchen	Jungen
Ägypten	Aisha Fatima Jasmin	Chalid Samir Kamil	Italien	Maria Lucia Claudia	Guiseppe Mario Roberto
Argentinien	María Carmen Claudia	José Pedro Gustavo	Jugoslawien	Vera Vlasta Marina	Miroslav Zdravko Stevan
China	Yang-Chun Shao-Lu Lan-Fang	Chen-Yung Li-Hai-Yung Wang-You-Nan	Mexiko	María del Carmen Isabel Rosita	José Jesús Felioe
Dänemark	Inger Birthe Charlotte	Niels Holger Lars	Polen	Ludmila Olga Vera	Casimir Stanislaus Oleg
Deutschland	Friederike Anja Nikola	Wilhelm Markus Oliver	Schweden	Cecilia Kristina Anna	Jakob Frederik Kristian
Frankreich	Amelie Justine Christiane	Augustin Patrick Jacques	Senegal	Dieo Senabou Aminata	Babacar Mathar Abdoulaye
Griechenland	Maria Melina Sooma	Demitrios Constantin Georgios	Spanien	María Isabel Gloria	Francisco Ramón Antonio
Großbritannien	Jennifer Jane Tracy	Andrew James Mark	Tschechische Republik	Renata Eva Yvona	Marcel Martin Ivan
Holland	Mariekje Marlies Lisbeth	Willem Hannus Ernst	Türkei	Aişe Fatma Filiz	Mehmet Ercan Nurcan
Island	Gudrun Kristin Dagmar	Jon Gudnundur Haukur	Russland	Tatiana Valentina Inna	Fjodor Sergei Boris
Israel	Esther Deborah Adina	Benjamin Abraham Chaiim	Ungarn	Theresa Piroschka Marika	Jolan Bela Zoltan

Gesammelt von Evelyn B. Hardey

Das ist doch alles verkehrt

Peters Vater hat eine Reise durch Japan gemacht und ihm davon erzählt. Peter sagt zu seinem Freund Klaus:

„Die Japaner müssen nette Leute sein, aber sie machen vieles verkehrt –

Wenn sie einen Brief schreiben, schreiben sie von rechts nach links oder von oben nach unten.

Takes und Yukis Onkel war eine Zeit lang in Deutschland und hat ihnen davon erzählt. Take sagt zu Yuki:

„Die Deutschen müssen nette Leute sein, aber sie machen vieles verkehrt –

Wenn sie einen Brief schreiben, schreiben sie von links nach rechts und nie von oben nach unten.

Ein japanisches Buch fängt hinten an. Wo bei uns die Titelseite ist, ist bei ihm die letzte.

Ein deutsches Buch fängt da an, wo für uns die letzte Seite ist.

Ein Lesezeichen wird unten in ein Buch gelegt.

Ein Lesezeichen wird oben in ein Buch gelegt.

Wenn die Japaner an den Fingern abzählen, beugen sie nacheinander die Finger in die Hand, den Daumen zuerst.

Wenn die Deutschen an den Fingern abzählen, strecken sie nacheinander die Finger, den Daumen zuerst.

Wollen sie jemanden herbeiwinken, bewegen sie die Hand wie wir, wenn wir jemandem zum Abschied winken.

Wollen sie jemandem zum Abschied nachwinken, bewegen sie die Hand wie wir, wenn wir ihn herbeiwinken wollen.

Besonders höflich ist es in Japan, wenn man beim Teetrinken oder Suppeessen laut schlürft. Man zeigt damit, dass es einem gut schmeckt."

Besonders unhöflich ist es in Deutschland, wenn man beim Teetrinken oder Suppeessen schlürft. Wie kann man da zeigen, dass es einem schmeckt?"

Ilse Kleberger

Afrikanische Kinder mögen genauso gerne schönes Spielzeug wie ihr. Aber die meisten Familien sind arm. Oft haben sie nicht einmal genügend Geld für Essen und Kleidung. Für teures Spielzeug reicht es schon gar nicht. Deshalb machen sich die Kinder ihr Spielzeug selber. Sie sind

Spielzeug-Erfinder.

Als Vorbilder nehmen sie die Dinge aus ihrer Umgebung. So entstehen Autos, Boote, Flugzeuge, Fahrräder, Tiere, Musikinstrumente und vieles mehr.

Aus alten Konservendosen ist ein ferngelenktes Auto entstanden.

Mit Stöcken und Büchsen lässt sich auch tolle Musik machen.

Das Spielzeug wird aus Abfällen gemacht: leere Blechdosen, Pappkartons, Stücke von alten Autoreifen, weggeworfene Schuhe, einfacher Draht, Holzreste und alles, was die Kinder finden können.

Das Basteln ist ganz schön schwierig. Denn die Kinder haben nur einfache Werkzeuge. Aber sie haben viele gute Ideen und helfen sich gegenseitig. So wird aus Müll ein tolles Spielzeug. Das Spielzeugerfinden und -bauen macht Spaß. Und wenn es fertig ist, sind die Kinder mächtig stolz auf ihr selbst gemachtes Spielzeug.

Dagmar Binder

Die Papp-Gitarre ist den großen Popstars abgeschaut.

Das Fahrrad ist ganz aus Holz geschnitzt. Und alles funktioniert prima!

Straßenspiele

Indah hütet von Zeit zu Zeit den Verkaufsstand ihrer Mutter. In Jakarta gibt es viele solcher Verkaufsstände. Indah schaut nach der Mutter aus, die versprochen hat, sie abzulösen, wenn die Sonne am höchsten steht. Am Nachmittag kann dann Indah mit ihrer Freundin Aminah spielen. Am liebsten spielen sie auf einer der schmalen Straßen. Die Straßen zwischen den Wohnungen sind so schmal, dass keine Autos und kaum ein Motorrad darauf fahren können. Die Kinder sitzen am Boden und haben Steine vor sich liegen. Aminah wirft einen Gummiball in die Luft. Bis sie ihn fängt, muss jedes Kind so viele Steine wie möglich einsammeln. Wer die meisten Steine in der Hand hält, gewinnt.

Utta Wickert

Figuren im Sand

Den Kindern des Shongo-Stammes in Zaire macht es Spaß, selbst Spiele zu erfinden, wie z. B. „Figuren im Sand". Es geht darum, mit einer einzigen, ununterbrochenen Linie ein Muster oder eine Figur in den Sand zu zeichnen. Auf einer schon gezogenen Linie zurückzugehen, ist nicht erlaubt. Wer neu ansetzen muss, um ein Muster zu beenden, hat einen Fehler begangen.
Die Kinder wetteifern darum, wem die meisten Muster einfallen, wem die schönsten Figuren gelingen und wer zuerst fertig ist.

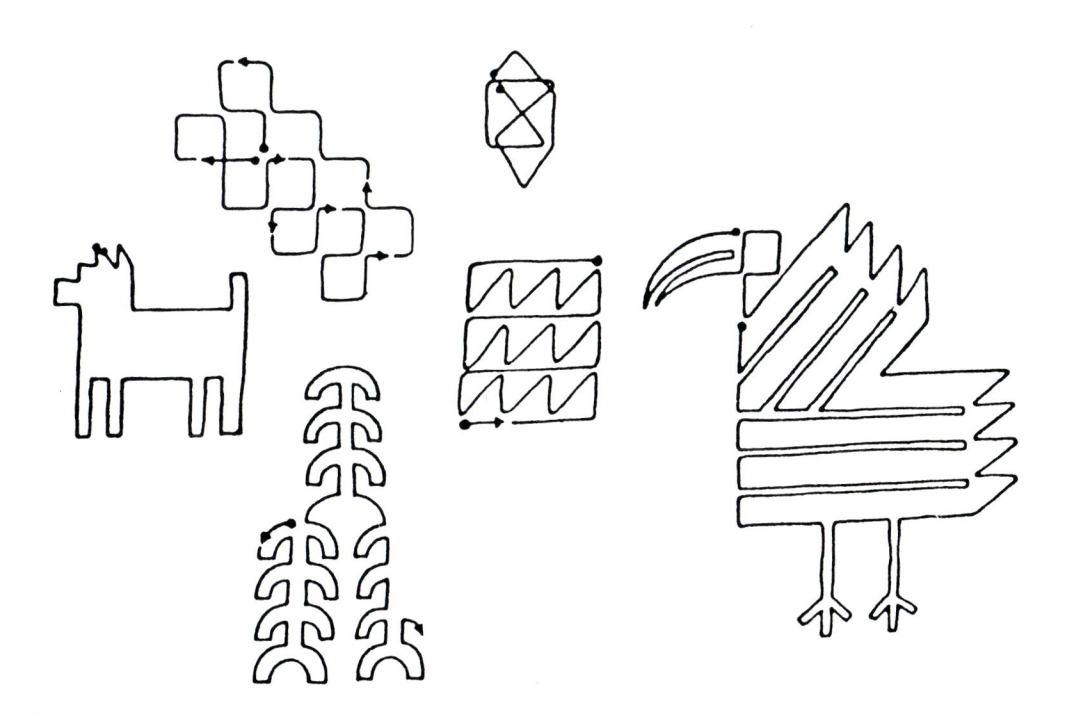

Fünf Finger im Schnee

1 Neben uns wohnt ein Neger. Seit gestern. Ein Negerjunge! So groß wie ich. Bloß schwarz. Und wie! Seine Mama und sein Papa sind aber weiß. Das können ja gar nicht seine Eltern sein, hab ich noch gedacht. Weil er doch schwarz
5 ist. Aber er sagt Mama und Papa zu ihnen. Das hab ich genau gehört. Was sie zu ihm sagen, das hab ich nicht gehört. Vielleicht sagen sie „Neger" zu ihm ...
Ich sitze auf meinem Schlitten. Im Garten. Ich warte, dass der Neger rauskommt. Und sich über den Schnee
10 wundert. Neger kennen doch keinen Schnee. Weil's in Afrika keinen gibt. Das weiß ich sicher. Papa hat's gesagt. Ich will unbedingt sehen, wie der Neger sich wundert. Aber er kommt und kommt nicht. Ich könnte ja rodeln gehen. Aber ich mag nicht. Ich warte lieber.
15 Da kommt er. Endlich! Wie sieht der denn aus? Ich muss lachen. Der ist ja ganz in Weiß. Weißer Schneeanzug, weiße Stiefel, weiße Bommelmütze und weiße Handschuhe! Bloß das Gesicht ist schwarz. Und wie! Das sieht ja komisch aus.
20 Er hat mich nicht gesehen. Oder doch? Er schaut rüber zu mir. Aber er sagt nichts. Ich sag auch nichts.
Er schaut in den Himmel. In die Schneeflocken hinein. Die fallen auf sein Gesicht. Weiße Flocken auf schwarze Backen. Wie getupft sieht der aus. Wie der wohl spricht?
25 Neger reden so, dass man sie nicht verstehen kann. Hat der Papa gesagt.
Jetzt wandert er im Garten herum. Er wundert sich kein

bisschen über den Schnee. Komisch. Wo er ihn doch gar
nicht kennen kann!
Vielleicht ist das gar kein richtiger Neger. Vielleicht hat er
sich bloß zum Spaß schwarz angemalt? Das würden meine
Eltern aber nie erlauben…
Jetzt schaut er schon wieder rüber. Ich möchte zu gerne
wissen, ob er ein richtiger Neger ist. Vielleicht färbt er ab.
Aber zu fragen trau ich mich nicht.
Jetzt bleibt er stehen. Er ruft was. Meint der mich? Er meint
mich. Er winkt sogar.
Ich geh langsam hin. Meinen Schlitten nehme ich lieber
mit. Damit ich schnell davonrodeln kann… Er steht und
wartet auf mich. Und plötzlich zieht er die Handschuhe
aus, bückt sich und drückt die Hand in den Schnee. Die
Fingerabdrücke sind im Schnee. Ziemlich kleine. Und
überhaupt nicht schwarz. Ich bücke mich auch und
drücke auch meine Hand in den Schnee. Meine Finger
sehen genauso aus wie seine. Im Schnee.
Er grinst und ich muss auch grinsen. Wir drücken hinter-
einander Hände in den Schnee. Es gibt ein richtiges
Muster. Schön! Und man kann nicht erkennen, was seine
Hände sind. Und was meine Hände sind…
Jetzt weiß ich alles über den Neger! Lorenz heißt er. Er
spricht wie ich. Weil er hier geboren ist. Wie ich. Und
Afrika kennt er auch nicht. Wie ich. Und seine Eltern
haben ihn aus einem Waisenhaus geholt, drum sind sie
weiß. Einen Schlitten hat er nicht. Aber ich. Wir rodeln
jetzt zusammen. Aber ich sitze vorne!

Gudrun Mebs

Tierverwandlungen

Zebra	Känguru
Zibra	Kangaru
Ziber	Kankaru
Tiger	Kakadu

Detlev Kersten

UDAKAK · KROKODIL

Ein großes grünes Lidokork,
Das badete im Nil.
Dann stieg es rückwärts aus dem Fluss
– und war ein Krokodil.
Da rennt zum kleinen Udakak
Das grüne Ungetüm.
‚Flieg rückwärts aus dem Wald heraus!',
Befiehlt es ungestüm.
Der Kleine schüttelte den Kopf.
Er war zu faul dazu.
Drum wurde aus dem Udakak
Niemals ein Kakadu.

Paul Maar

Wovon träumen Giraffen?

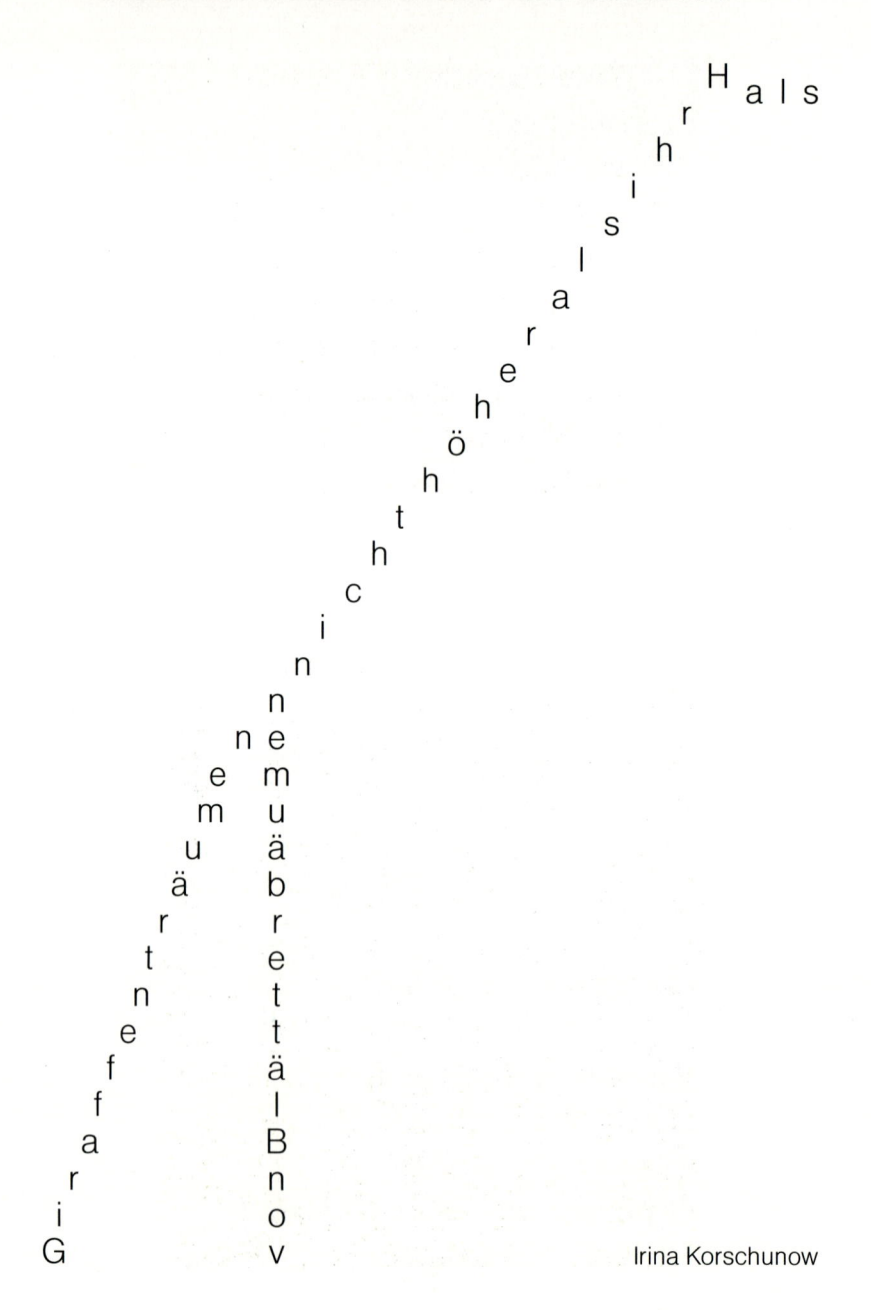

```
                                    H
                                  r  a l s
                                 h
                                i
                               s
                              l
                             a
                            r
                           e
                          h
                         ö
                        h
                       t
                      h
                     c
                    i
                   n
                  n
                 e
                m                
               e     n
              m       e
             u         m
            ä           u
           r             ä
          t               b
         n                 r
        e                   e
       f                     t
      f                       t
     a                         ä
    r                           l
   i                             B
  G                               n
                                   o
                                    v
```
Irina Korschunow

Wenn sich zwei Walrosse küssen

Wenn sich zwei Walrosse
küssen –
wie die sich
in Acht nehmen müssen!
Mit so einem Zahn
ist schnell was getan...
Drum haben sie neulich beschlossen:
Wir schütteln uns lieber
die Flossen
und beschnuppern
uns zart
mit dem
Walrossbart.

Mira Lobe

Eine Handvoll Katze

Erste Lebenswochen eines Katzenkindes

1 In der ersten Zeit ihres Lebens tun die kleinen Katzen nichts anderes als schlafen und trinken.
Die Mutter beschützt ihre Kinder.

Wenn die Mutter die kleinen Katzenbäuche mit der
5 Zunge massiert, so ist es nicht nur wegen der Sauberkeit.
Die Massage regt die Verdauung an.

Für kleine Katzen ist Milch gesund. Erwachsene Katzen brauchen nur wenig oder gar keine Milch. Aber immer muss frisches Wasser für sie bereitstehen.

10 Katzen sind saubere Tiere. Sie putzen sich mit ihrer Zunge den Staub aus dem Fell. Es ist unnötig, eine Katze zu baden. Sollte sie einmal Flöhe haben, so fragt man am besten den Tierarzt nach einem geeigneten Mittel.

15 Kleine Katzen lernen von ihrer Mutter die Katzentoilette zu benutzen. Nachdem sie ihr Geschäft gemacht haben, scharren sie es säuberlich zu. Eine Katzentoilette ist eine

1 Plastikschale mit einem nicht zu hohen Rand. Geruchsbindende Katzenstreu kauft man am besten fertig im Geschäft.

Katzen sind Spieler, Kobolde. Ein raschelndes Papier-
5 bällchen genügt um sie glücklich zu machen.

Sie können sich gut allein beschäftigen. Aber fröhlicher sind sie doch, wenn sie Gesellschaft haben. Wer sich eine Katze halten möchte, sollte sich vorher genau überlegen, ob er genug Zeit für sie aufbringen kann.
10 Eine Katze, mit der niemand spielt, wird traurig.

Mit spätestens zwölf Wochen braucht das Kätzchen die Schutzimpfung gegen die Katzenseuche. An der Katzenseuche könnte es sonst jämmerlich sterben. Katzen, die auf dem Land leben, sollten außerdem
15 gegen Tollwut geimpft werden.

Katzen sind Dämmerungstiere. Sie sehen in der Dämmerung so gut wie wir Menschen am hellen Tag.

Gina Ruck-Pauquèt · Eckhard Hoffmann

Gerettet

Die Katze rief:
„Gleich hab ich dich!"
Die Maus rief:
„Och, och, och,
ein Tisch,
ein Stuhl,
ein Schrank,
ein Ball,
ein Kind,
ein Korb,
ein Ding,
ein Trumm –
gottlob, da ist das Loch!"

Dann rief sie aus dem Loch heraus:

„Gerettet bin ich doch!"

Josef Guggenmos

Wau

Hermann Altenburger

Die Katze schläft, die Katze schläft

Ein Kreisspiel für Kinder

Es spielen mit:
die Katze, der Mäusevater, die Mäusemutter und alle Mäusekinder.
Der Mäusevater, die Mäusemutter und alle Mäusekinder stehen im Kreis,
die Katze liegt zusammengerollt in der Mitte und schläft.
Alle Mäusekinder und ihre Eltern fassen sich an den Händen, tanzen um
die Katze herum und singen:

Die Katze schläft,
die Katze schläft,
die Mäuse gehn zum Tanze!
Sie tanzen dies,
sie tanzen das,
sie tanzen
ohne Unterlass
und wackeln mit dem Schwanze.

Der Vater Maus,
die Mutter Maus
mit ihren Mäusekindern:
Sie drehen sich
im Mäusetanz,
sie wackeln
mit dem Mäuseschwanz –
und niemand kann es hindern!

Die Mäusemutter fragt besorgt:

Schläft die Katze auch wirklich?

Der Mäusevater beruhigt sie:

Hörst du nicht, wie sie schnarcht?

Die Katze schnarcht laut und vernehmlich.
Die Mäusemutter sagt:

Mir scheint, du hast Recht!

Alle Mäusekinder und ihre Eltern beginnen von neuem herumzutanzen
und singen:

Die Katze schläft,
die Katze schläft,
die Mäuse gehn zum Tanze:
Sie drehen sich

im Mäusetanz,
sie wackeln
mit dem Mäuseschwanz,
sie wackeln mit dem Schwanze!

Der Mäusevater ist ins Schwitzen gekommen, er sagt:
Jetzt haben wir genug getanzt! Tanzen macht hungrig! Ich denke, wir sollten was essen!

Alle Mäusekinder rufen begeistert durcheinander:
Ja, ja, ja, wir sind hungrig, wir wollen uns was zu essen suchen!

Die Mäusemutter sagt ängstlich:
Aber die Katze, die böse Katze!

Der Mäusevater beruhigt sie abermals:
Die hört nichts und sieht nichts, die schläft ja! Hörst du nicht, wie sie schnarcht?

Die Katze schnarcht laut und vernehmlich. Die Mäusemutter stellt fest:
Sie schläft wirklich! Ich habe es selbst gehört!

Alle Mäusekinder und ihre Eltern hocken sich nieder und beginnen zu essen. Zuerst piepsen und schmatzen sie eine Weile durcheinander, dann singen sie:

Die Katze schläft,
die Katze schläft,
die klugen Mäuslein nagen!
Sie knabbern Brot,
sie knabbern Speck,
sie knabbern
Wurst und Schinken weg
und füllen sich den Magen.

Der Vater Maus,
die Mutter Maus
mit ihren Mäusekindern:
Heut leben sie
in Saus und Braus,
sie halten
einen Mäuseschmaus –
und niemand kann es hindern!

Die Mäusemutter warnt:
Nicht so laut! Sonst weckt ihr die böse Katze!

Der Mäusevater erklärt:
Vor der brauchst du keine Angst zu haben, die schläft! Ich zupf sie mal am Schwanz.

*Die Katze schnarcht laut und vernehmlich.
Ein Mäusekind ruft:*

Ich kitzle sie an den Ohren!

Ein anderes Mäusekind piepst dazwischen:

Darauf brauchst du dir gar nichts einzubilden! Ich springe über die Katze weg – sieh mal!

Alle Mäusekinder und ihre Eltern wetteifern nun darin, ihren Mut zu beweisen; dann beginnen sie aufs Neue um die Katze herumzutanzen und singen:

Die Katze schläft,
die Katze schläft,
die Mäuse gehn zum Tanze!
Sie drehen sich
im Mäusetanz,
sie wackeln
mit dem Mäuseschwanz,
sie wackeln mit dem Schwanze.

Und wenn die Katz
vom Schlaf erwacht:
Was kann uns schon geschehen?
Dann schlüpfen wir,
das weiß man doch,
husch-husch,
in unser Mauseloch…

Die Katze springt auf und faucht:

Das wollen wir mal sehen!

*Alle Mäusekinder und ihre Eltern laufen entsetzt davon.
Die Katze setzt ihnen nach. Wenn es ihr gelingt, ein Mitglied der Mäusefamilie zu erwischen, dann muss dieses beim nächsten Mal die böse Katze sein.*

Otfried Preußler

Sofie hat einen Vogel

Sofie streckt den Finger und sagt: „Frau Heinrich, ich hab einen Vogel!"
Die ganze Klasse lacht.
„Wirklich?", fragt Frau Heinrich.
„Wirklich!", ruft Sofie zurück.
Die Klasse lacht noch lauter.
Sofie denkt wütend: Ich muss das anders sagen.
Und sie sagt: „Mein Vater hat mir einen Vogel geschenkt."
Jetzt lachen nur noch ein paar.
Das sind die, die über jeden Quatsch lachen.
„Was ist es denn für einer?", fragt Frau Heinrich.
„Ein Muskatfink. Er ist klein, hat lauter Punkte auf der Brust und wohnt sonst in Australien."
„Prima", sagt Frau Heinrich. „Aber du siehst, es ist gar nicht einfach, über Vögel zu reden. Vor allem, wenn man einen hat."
Endlich kann die Sofie mitlachen.
Nun wissen alle, dass sie einen Vogel hat. Aber einen richtigen!

Peter Härtling

Hund ausgesetzt

„Tobias!", ruft die Mutter. „Kannst du mal einkaufen gehen?" Sie guckt aus dem Küchenfenster. Im Garten haben Tobias und Ines eben noch gespielt. Jetzt sind sie verschwunden.

„Immer ich, immer muss ich einkaufen", beschwert sich Tobias. Er klettert vom Baum. Fällt in die Wiese.

„Komm, wir beeilen uns, dann können wir gleich weiter klettern", sagt Ines.

Sie beeilen sich. Rennen durch die Klosterstraße zur Bäckerei. Einer rennt mit ihnen.

Ein Hund. Ein struppeliger, sandfarbener Hund.

Ines fragt Tobias, ob er den Hund kennt. Nein, er kennt ihn nicht. Aber der Hund gefällt ihm. Tobias kniet sich hin und streichelt ihn. Der Hund schiebt den Kopf auf seine Knie.

Er hat graue Augen. Ob der wohl ausgesetzt ist? Ines stellt fest, er hat kein Halsband an. Vielleicht ist er weggelaufen. Ausgerissen!

„Ich frage mal in der Bäckerei. Die wissen vielleicht, wo der Hund wohnt", sagt Tobias.

Ines bleibt draußen. In der Bäckerei ist der Hund nicht bekannt. Tobias kauft ein Brot. Das ist weich, riecht gut. Der Hund schnüffelt. Der hat bestimmt Hunger.

Tobias reißt ein Stück von dem Brot ab. Der Hund schnappt und verschlingt es. Dann stupst er Tobias mit seiner nassen Nase am Bein. Das mag Tobias. Er mag den Hund und möchte ihn behalten.

Das möchte Ines auch. Nur, ihre Eltern erlauben das nicht. Das weiß Ines.

„Aber meine", sagt Tobias. Er nimmt den Hund auf die Arme und trägt ihn nach Hause.

„Behalten kannst du ihn nicht", sagt Mutter. „Weil die Wohnung zu klein ist. Und weil es nicht erlaubt ist im Haus. Das steht sogar im Mietvertrag. Aber eine Schale mit Milch und ein bisschen Rindergehacktes, das kann der Hund haben."

Der Hund frisst und trinkt. Dann legt er sich in der Küche unter die Eckbank und schnauft.

„Der Hund möchte sehr gerne bei uns bleiben", sagt Tobias.

„Das geht nicht", sagt Mutter und fährt mit dem Hund und Tobias und Ines zur Polizeiwache in der Fliederstraße.

„Das ist heute der vierte Hund, der hier abgegeben wird", sagt der Beamte.

„Was machen Sie denn jetzt mit dem Hund?", fragt Tobias. Er streichelt ihn.

„Er kommt ins Tierheim", sagt der Beamte. „Bestimmt ist er ausgesetzt worden. Die großen Ferien sind da. Leute, die ihren Hund nicht mitnehmen wollen, setzen ihn einfach auf die Straße."

„Das ist eine große Gemeinheit", sagt Tobias.

Sonntagabend klingelt es bei Ines an der Tür. Es klingelt laut und schnell.

Tobias steht vor der Tür. Er sieht aufgeregt und glücklich aus. Ist er auch. Er hat den Hund getroffen. Im Park. Eine Frau hatte ihn an der Leine.

„Hat der Hund dich wiedererkannt?", fragt Ines.

Das weiß Tobias nicht genau. Der Hund hat ihn mit seiner nassen Nase beschnuppert. Tobias fragte die Frau, wo sie den Hund denn her hat.

„Aus dem Tierheim", sagte sie. „Er ist ausgesetzt worden."
Und da erzählt Tobias ihr, dass er und Ines den Hund gefunden haben.

Ursula Fuchs

Die Schildkröte

„Sie kostet nur drei Mark", bettelte Christof, „und sie ist so süß!"

So ging das nun seit Tagen. Dann erlaubte es die Mutter und er sauste los.

„Schau sie dir an", sagte er. „Sie ist eine griechische Landschildkröte. Ich nenne sie Susi."

Zuerst war Susi scheu. Dann streckte sie vorsichtig den Kopf unter dem hübsch gemusterten Panzer hervor. Blickte mit glänzenden schwarzen Augen um sich. Was nahm sie wahr?

„Sicher kennt sie mich schon bald", sagte Christof. „Sie braucht nur Salat", sagte er. Aber die Mutter gab der Schildkröte außerdem Früchte und Fleisch.

„Glaubst du, dass sie schnell wächst?", fragte Christof.
„Nein", sagte die Mutter. „Schildkröten machen alles langsam."

Wenn Christof nicht da war, wohnte Susi in einer Plastikwanne, die er mit Erde und Blättern ausgelegt hatte.

„Sie kann nicht immer frei herumlaufen", hatte der Vater gesagt. „Sie ist nicht stubenrein."

Susi war nicht gern in der Wanne. Sie versuchte hinauszuklettern und scharrte mit den kralligen Füßchen unermüdlich an den Wänden ihres Gefängnisses.

Christof hörte es schon im Flur. Er stellte seine Schultasche weg und hob die Schildkröte heraus. Wenn sie frei war, lief sie unter der Heizung entlang. Hier und da fraß sie etwas, sie machte hin und schlief.

Während der ersten Tage hockte sich Christof auf den Boden und sprach zu Susi. Dann wurde es ihm langweilig.

„Die tut ja nichts", sagte er.

„Du hast sie doch haben wollen", sagte die Mutter. „Mach wenigstens die Wanne sauber."

„In dem Laden haben sie jetzt Zwerghasen", sagte Christof. „Weiße und schwarze. Die sind viel lustiger. Mit denen kann man richtig spielen."

Die Mutter schüttelte den Kopf.

Stunde um Stunde kratzte die kleine Schildkröte am Wannenrand.

„Das ist nicht auszuhalten!", sagte der Vater. „Ich hab einmal Schildkröten in Griechenland gesehen", erzählte er, „da lebten sie frei im Sand zwischen den Feigenkakteen."

„Die kleinen Hasen kosten bloß zehn Mark", sagte Christof.

Aber der Vater schüttelte auch den Kopf. Sonntags fuhren sie zur Oma aufs Land.

„Nimm die Susi mit", schlug der Vater vor, „damit sie wenigstens mal Gras kennen lernt."

Christof ließ sie im Obstgarten laufen.

„Gib auf sie Acht", sagte die Mutter.

Die Schildkröte sah auf der Wiese sehr klein aus. Und auf einmal passte Christof dann doch nicht auf. Weil er den Hund mit den langen Ohren traf.

„Susi ist weg", sagte er später. „Ich kann sie nicht mehr finden."

Er zog die Nase hoch und wischte sich mit dem Handrücken über die Augen. Die Eltern halfen bei der Suche, bis es dämmerig wurde.

Aber Susi blieb verschwunden.

„Im Winter muss sie erfrieren", sagte die Mutter.

Jetzt war Frühling.

„Man sollte die Tiere in den Ländern lassen, in die sie gehören!"

Der Vater war ärgerlich. Und er erinnerte sich wieder, wie warm der Sand gewesen war, da in Griechenland, wo die Schildkröten wohnten.

Gina Ruck-Pauquèt

WENN HINTER

FLIEGEN

FLIEGEN

FLIEGEN,

FLIEGEN

FLIEGEN

FLIEGEN

NACH.

Esmeraldas erster Auftritt

1 Es war Esmeraldas erster großer Auftritt im Zirkus.
Als sich der große, rote Samtvorhang einen Spalt öffnete, kam, nein, tänzelte sie herein. Ihr Körper schillerte grünlich und geheimnisvoll im Halbdunkel der Lampen.
5 Sie schwebte leise summend auf das Trapez zu, das an langen Seilen von der Zirkuskuppel herunterhing. Von Aufregung war ihr nichts anzumerken. Einen Augenblick lang ließ sie sich auf dem Trapez nieder und sah sich abwartend um.
10 Da spielte endlich die Kapelle.
Die Scheinwerfer flammten auf.
Die Zuschauer sahen gespannt in die Manege.
Esmeralda startete blitzschnell vom Trapez. Sie flog durch die Zirkuskuppel, höher und immer höher. Und dann
15 stürzte sie in einem atemberaubenden Flug wieder herab.

In letzter Sekunde fing sie sich im Netz. Geschickt kletterte sie wieder heraus und wagte einen neuen Flug. Sie schwebte nach rechts, nach links, wagte übermütig einen Kreisel und einen erneuten Sturzflug. Dann folgte ein kühnes Landemanöver auf dem Lichtmast neben der Kapelle.

Applaus brauste auf.

Für Esmeralda?

Nein, für die drei Clowns, die eben in die Manege purzelten.

Esmeraldas Kunststücke hatte überhaupt niemand beachtet. Für eine Zirkusnummer war sie um einige Nummern zu klein.

Esmeralda war nur eine ganz gewöhnliche grün schillernde Fliege. Sie hatte sich aus Versehen vom Pferdestall ins Zirkuszelt verirrt.

Ursula Scheffler

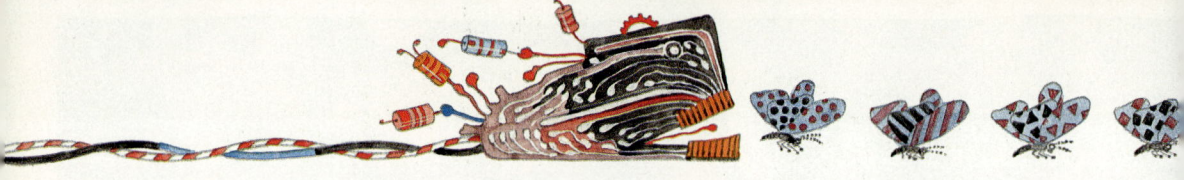

Der verdrehte Schmetterling

Ein Metterschling
mit flauen Blügeln
log durch die Fluft.

Er war einem Computer entnommen,
dem war was durcheinander gekommen,
irgendein Drähtchen,
irgendein Rädchen.
Und als man es merkte,
da war's schon zu spätchen,
da war der Metterschling
schon feit wort,
wanz geit.

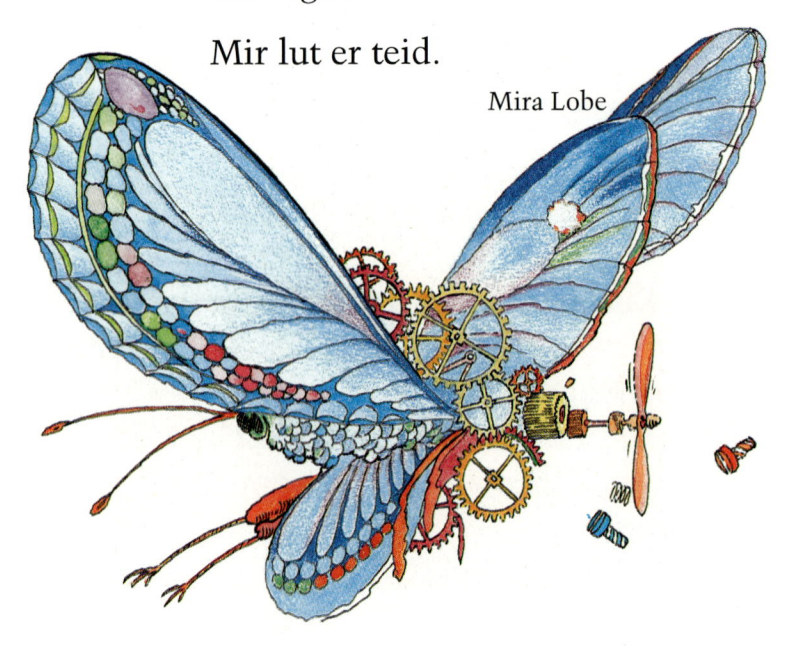

Mir lut er teid.

Mira Lobe

Zwei Meisen fanden ein A

Zwei Meisen
fanden ein A.
Jede wollte es haben.
Hört, was geschah.

Die eine hat's an sich gerissen.
Juchhe, ihr ist es geglückt!
Drauf hat die Meise ohne A
die Ameise aufgepickt.

Man soll nicht alles haben wollen,
das ist's, was wir uns merken sollen.

Josef Guggenmos

Ameisen krabbeln

Ameisen krabbeln auf Ameisenhaufen,
Ameisen krabbeln, wo Hasen laufen,
Ameisen krabbeln am Straßenrand,
Ameisen krabbeln an jeder Wand,
Ameisen krabbeln in Mauerritzen,
Ameisen krabbeln auf Kirchturmspitzen,
Ameisen krabbeln in Blumenkästen,
Ameisen krabbeln auf Frühstücksresten,
Ameisen krabbeln in Honigtöpfe,
Ameisen krabbeln in Pfeifenköpfe,
Ameisen krabbeln auf Brillengläser,
Ameisen krabbeln auf Zittergräser,
Ameisen krabbeln auf Eisenbahnschwellen,
Ameisen krabbeln auf dunklen, auf hellen
Teppichen, Tischen, auf Bänke, auf Bäume,
Ameisen krabbeln in alle Räume,
Ameisen krabbeln leider, leider
in Hosen, in Hemden, in sämtliche Kleider,
besonders wenn du sie ausziehst beim Baden –
und dass sie nicht krabbeln am Hals, an den Waden,
ist's besser, du schüttelst die Kleider gut aus
und trägst nicht die Krabbelameisen nach Haus!

Hans Baumann

Werte Ameise!
Bitte unternimm keine Reise
in unseren Schrank.
Wir wüssten keinen Dank.
Wir müssten Pulver streuen,
du würdest es bereuen.
           Sarah Kirsch

Bruder Löwenzahn

„Ich bin dein Bruder
und du bist mein Bruder,
wir alle sind Brüder",
wisperten die winzigen Nüsschen,
die dicht an dicht zusammenhockten,
jedes unter einem Fallschirm aus Seidenhaar.

„Brüder sind wir,
du und ich und du und du.
Bald fliegen wir los!
Wartet nur, bis der Wind bläst!
Dann fliegen wir auf und davon,
auf und davon!

Wo werden wir landen?
Wo wird der Wind uns hintragen?
Wer weiß? Wer weiß?
Wir bleiben zusammen, unbedingt!
Wir sind Brüder, Kinder einer Blüte.
Einer sieht aus wie der andere.
Wir bleiben zusammen,
zusammen!"
Sie bebten vor Erwartung.

„Bald ist es soweit, bald, bald!
Wir wollen hinaus in die Welt
und Kinder haben, viele Kinder!
Brüder, lauter Brüder wie wir."

*Ein Wirbelwind, ein ganz kleiner, zaghafter,
fuhr vorüber und in die Gesellschaft hinein.
„Los! Hopp!", riefen ein paar der Brüder
und ließen sich mitnehmen.
Aber die anderen hielten noch fest.
„Zusammen!", wisperten sie erschreckt,
„zusammen, alle zusammen!
Weit, weit fort!"*

*Da kam ein Kind an der Hand des Vaters.
„Eine Pusteblume!", rief es,
pflückte sie ab und pustete hinein.*

*Und fort stoben die Brüder
in alle Himmelsrichtungen.*

Sieh selbst einmal nach, wo sie gelandet sind.

Ute Andresen

Nina und das Gänseblümchen

Nina geht mit dem Vater einkaufen. Der Vater schleppt zwei große Körbe. Nina schleppt ihren großen Teddy und einen kleinen Korb. Der Vater geht schnell. Nina stolpert hinter ihm her.
Auf der Straße fahren viele Autos. Die Fahrer gucken nur geradeaus. Auf dem Gehsteig gehen viele Leute, die gucken auch nur geradeaus. Plötzlich sieht Nina zwischen den Betonplatten ein Gänseblümchen. Ein winziges Gänseblümchen mit rötlich angehauchten Blütenblättern. Das gelbe Herz leuchtet. Der Stängel ist graugrün und dick. Zwei grüne Blätter hat das Gänseblümchen, und da unten, unter dem weißen Blatt, versteckt sich eine Knospe. Die ist fest zu, wie eine Faust.
„Nina!", ruft der Vater. „Komm weiter, mir brechen die Arme ab!" „Schau!", ruft Nina und zeigt auf das Gänseblümchen. Er dreht sich kurz um, schaut und sagt: „Da ist doch nichts. Komm, bitte."
Nina möchte gern einen Zaun um das Gänseblümchen auf dem Gehsteig bauen, damit keiner drauftritt. Aber der Vater geht schon weiter. Nina rennt hinter ihm her.

Renate Welsh

Das Samenkorn

Ein Samenkorn lag auf dem Rücken,
die Amsel wollte es zerpicken.

Aus Mitleid hat sie es verschont
und wurde dafür reich belohnt.

Das Korn, das auf der Erde lag,
das wuchs und wuchs von Tag zu Tag.

Jetzt ist es schon ein hoher Baum
und trägt ein Nest aus weichem Flaum.

Die Amsel hat das Nest erbaut;
dort sitzt sie nun und zwitschert laut.

Joachim Ringelnatz

Der Bauer und der Teufel

1 Es war einmal ein kluges und verschmitztes Bäuerlein. Eines Tages, als es mit der Arbeit auf seinem Acker fertig war und gerade heimfahren wollte, erblickte es mitten auf seinem Acker einen Haufen feuriger Kohlen. Oben auf der
5 Glut saß ein kleiner schwarzer Teufel. „Du sitzest wohl auf einem Schatz?", sprach das Bäuerlein.
„Jawohl", antwortete der Teufel, „auf einem Schatz, der mehr Gold und Silber enthält, als du dein Lebtag gesehen hast."
10 „Der Schatz liegt auf meinem Feld und gehört mir", sprach das Bäuerlein. „Er ist dein", antwortete der Teufel, „wenn du mir zwei Jahre lang die Hälfte von dem gibst, was auf deinem Acker wächst. Geld habe ich genug, aber ich trage Verlangen nach den Früchten der Erde."
15 Das Bäuerlein ging auf den Handel ein. „Damit aber kein Streit bei der Teilung entsteht", sprach es „so soll dir gehören, was über der Erde ist, und mir, was unter der Erde ist."

Dem Teufel gefiel das wohl, aber das listige Bäuerlein hatte Rüben gesät. Als nun die Zeit der Ernte kam, so erschien der Teufel und wollte seine Frucht holen, er fand aber nichts als die gelben welken Blätter. Das Bäuerlein, ganz vergnügt, grub seine Rüben aus.

„Einmal hast du den Vorteil gehabt", sprach der Teufel, „aber für das nächste Mal soll das nicht gelten. Dein ist, was über der Erde wächst, und mein, was darunter ist."

„Mir auch recht", antwortete das Bäuerlein.

Im nächsten Jahre säte das Bäuerlein nicht wieder Rüben, sondern Weizen. Die Frucht ward reif, das Bäuerlein ging auf den Acker und schnitt die vollen Halme bis zur Erde ab. Als der Teufel kam, fand er nichts als die Stoppeln und fuhr wütend in eine Felsenschlucht hinab. Das Bäuerlein lachte, holte sich den Schatz und freute sich, wie es den Teufel zum Narren gehalten hatte.

Brüder Grimm

Gemüseball

Gestern Abend auf dem Ball
tanzte Herr von Zwiebel
mit der Frau von Petersil.
Ach, das war nicht übel.

Die Prinzessin Sellerie
tanzte fein und schicklich
mit dem Prinzen Rosenkohl.
Ach, was war sie glücklich!

Der Baron von Kopfsalat
tanzte leicht und herzlich
mit der Frau von Sauerkraut;
doch die blickte schmerzlich.

Ritter Kürbis, groß und schwer,
trat oft auf die Zehen.
Doch die Gräfin Paprika
ließ ihn einfach stehen.

Werner Halle

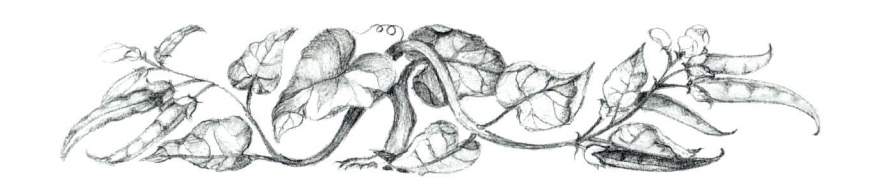

Eine Blüte zum Verschenken

Ein sehr schönes Geschenk entsteht, wenn du aus einer Zwiebel eine Blüte ziehst. Die Amaryllis zum Beispiel braucht acht bis zehn Wochen vom Eintopfen bis zur Blüte.
Anleitung:
Für die Amaryllis-Zwiebel nimmst du einen nicht zu kleinen Blumentopf. Bevor du die Erde einfüllst, lege auf das Loch im Blumentopf eine Tonscherbe. So kann überflüssiges Gießwasser ablaufen.
Die Zwiebel wird mit der Spitze nach oben so in die Erde gepflanzt, dass sie zur Hälfte bedeckt ist.
Nun muss der Blumentopf an einen hellen und warmen Ort gestellt werden.
Zunächst hältst du die Erde mäßig feucht.
Hebt sich die Blütenknospe aus der Zwiebel, wird normal gegossen.
Sobald sich die Blütenknospen öffnen, stellst du den Topf an einen etwas kühleren Ort. So verlängert sich die Blütezeit.
Nachdem die Amaryllis verblüht ist, muss der Blütenschaft abgeschnitten werden. Die Pflanze wird dann noch einige Zeit gedüngt, damit die Zwiebel wieder neue Kräfte sammelt.
Wenn die Blätter gelb werden, nicht mehr gießen!
Die Zwiebel ruht dann für drei Monate.

Wie machen wir aus einem Garten

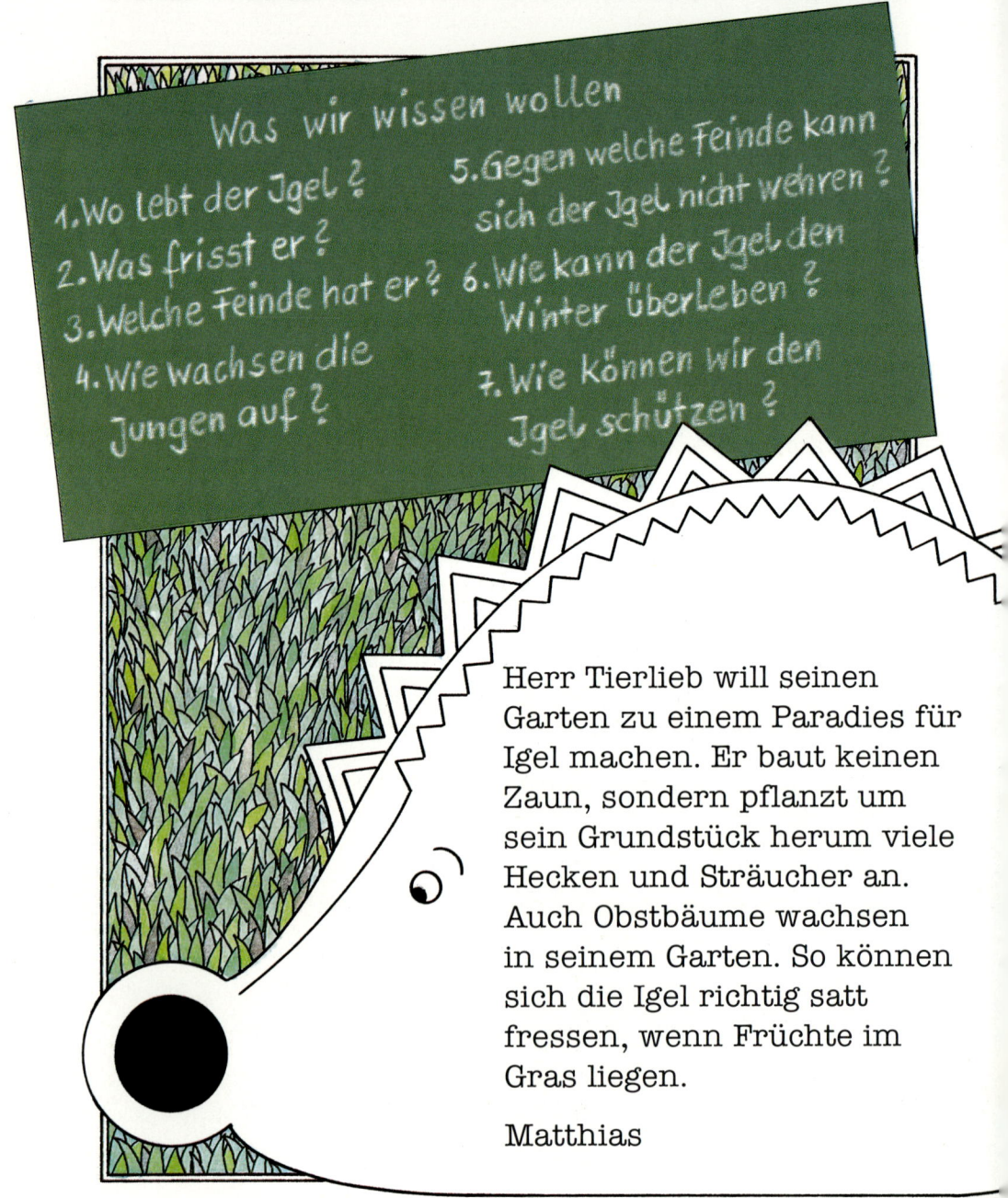

Was wir wissen wollen

1. Wo lebt der Igel?
2. Was frisst er?
3. Welche Feinde hat er?
4. Wie wachsen die Jungen auf?
5. Gegen welche Feinde kann sich der Igel nicht wehren?
6. Wie kann der Igel den Winter überleben?
7. Wie können wir den Igel schützen?

Herr Tierlieb will seinen Garten zu einem Paradies für Igel machen. Er baut keinen Zaun, sondern pflanzt um sein Grundstück herum viele Hecken und Sträucher an. Auch Obstbäume wachsen in seinem Garten. So können sich die Igel richtig satt fressen, wenn Früchte im Gras liegen.

Matthias

ein Paradies für Igel?

Wie machen wir aus einem Garten ein Paradies für Igel? Kl. 2b

17

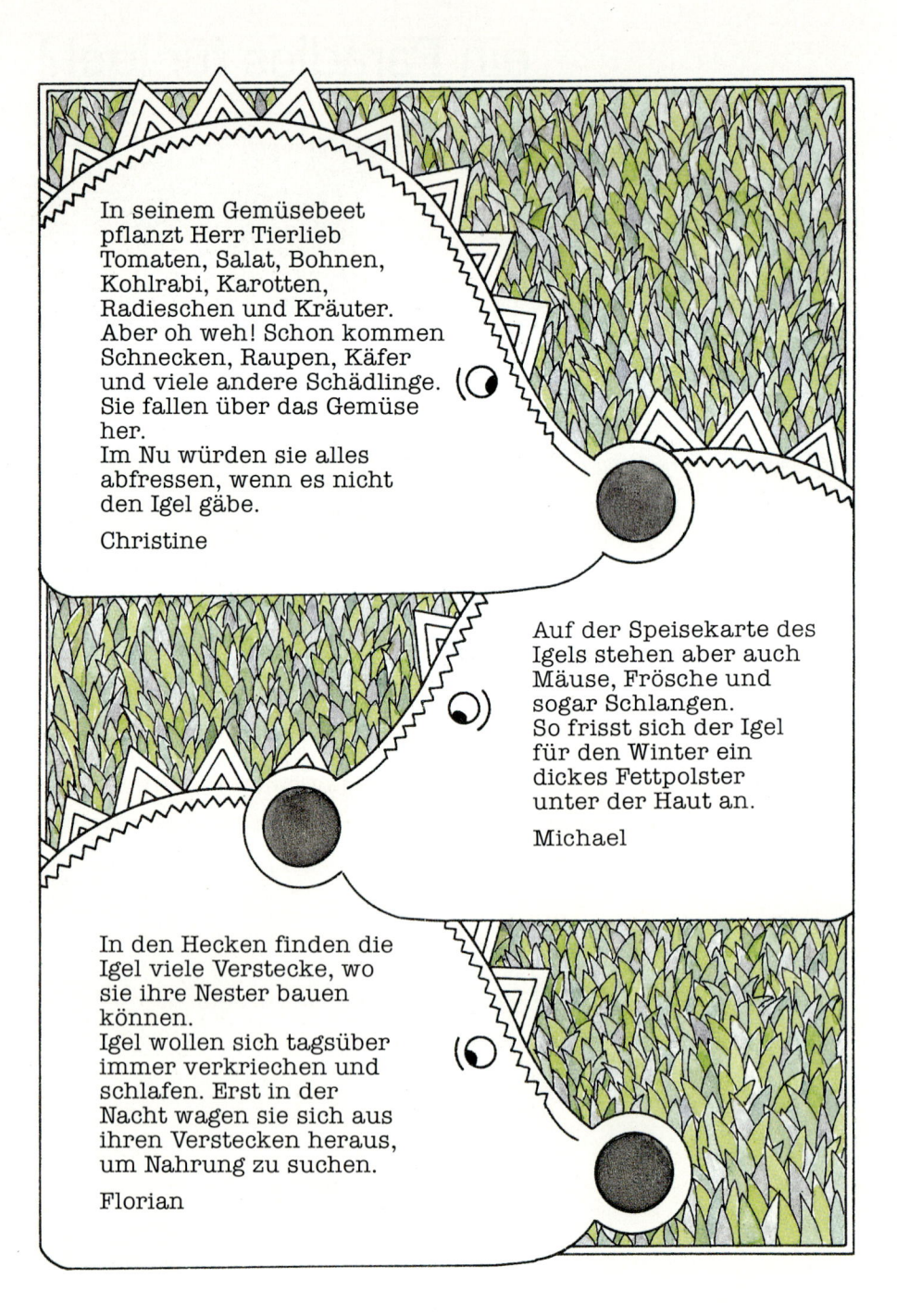

In seinem Gemüsebeet
pflanzt Herr Tierlieb
Tomaten, Salat, Bohnen,
Kohlrabi, Karotten,
Radieschen und Kräuter.
Aber oh weh! Schon kommen
Schnecken, Raupen, Käfer
und viele andere Schädlinge.
Sie fallen über das Gemüse
her.
Im Nu würden sie alles
abfressen, wenn es nicht
den Igel gäbe.

Christine

Auf der Speisekarte des
Igels stehen aber auch
Mäuse, Frösche und
sogar Schlangen.
So frisst sich der Igel
für den Winter ein
dickes Fettpolster
unter der Haut an.

Michael

In den Hecken finden die
Igel viele Verstecke, wo
sie ihre Nester bauen
können.
Igel wollen sich tagsüber
immer verkriechen und
schlafen. Erst in der
Nacht wagen sie sich aus
ihren Verstecken heraus,
um Nahrung zu suchen.

Florian

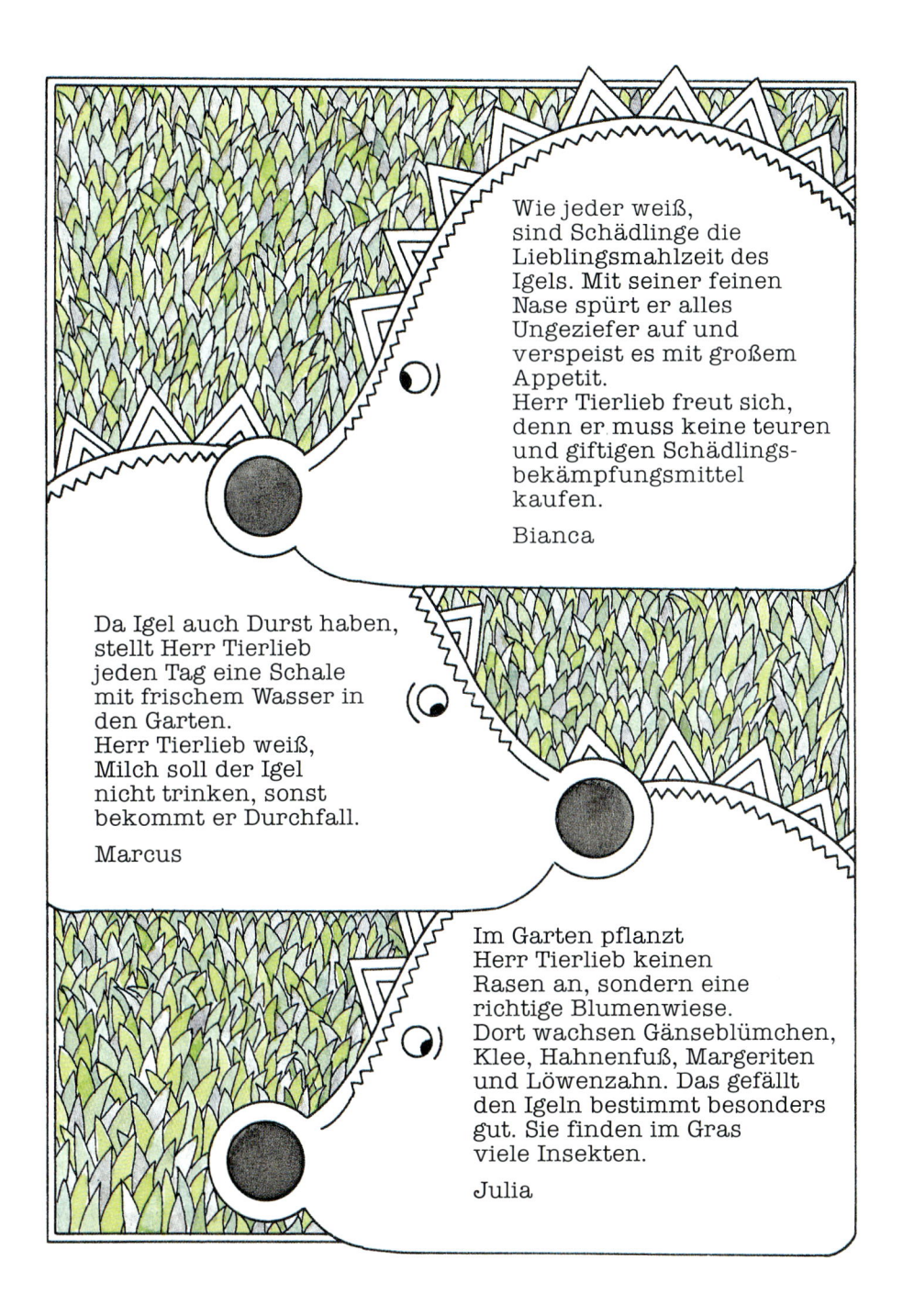

Wie jeder weiß, sind Schädlinge die Lieblingsmahlzeit des Igels. Mit seiner feinen Nase spürt er alles Ungeziefer auf und verspeist es mit großem Appetit.
Herr Tierlieb freut sich, denn er muss keine teuren und giftigen Schädlingsbekämpfungsmittel kaufen.

Bianca

Da Igel auch Durst haben, stellt Herr Tierlieb jeden Tag eine Schale mit frischem Wasser in den Garten.
Herr Tierlieb weiß, Milch soll der Igel nicht trinken, sonst bekommt er Durchfall.

Marcus

Im Garten pflanzt Herr Tierlieb keinen Rasen an, sondern eine richtige Blumenwiese. Dort wachsen Gänseblümchen, Klee, Hahnenfuß, Margeriten und Löwenzahn. Das gefällt den Igeln bestimmt besonders gut. Sie finden im Gras viele Insekten.

Julia

Bücher zum Nachlesen

In vielen Büchern und manchmal auch in Kinderzeitschriften kannst du etwas über Igel finden, zum Beispiel Märchen, Fantasie-Geschichten und Sachtexte.
Du kannst auch im Lexikon nachschauen.

Der Igel im Spiegel

Einmal fand ein junger Igel im Wald einen Spiegel.
Der junge Igel guckte in den Spiegel – und was sah er?
Einen Igel.

„Grüß dich, Igel!", sagte der junge Igel zu dem Igel im Spiegel. Und nickte höflich.
Der Igel im Spiegel nickte auch höflich.
Der junge Igel beschnüffelte den Igel im Spiegel.
Und der Igel im Spiegel beschnüffelte den jungen Igel.

Der Igel kriecht aus seinem Schlafplatz heraus und schnüffelt in die Abendluft.
Dann läuft er über die Wiese und am Gartenzaun entlang.

Da entdeckt ihn Lena.
„Roll dich doch nicht zusammen, Igelchen!", sagt sie. „Du brauchst keine Angst zu haben.
Komm, ich nehm dich mit.
Bei mir hast du's gut."

und zum Weiterlesen

Auch wenn die kleinen Igelchen noch so hilfsbedürftig aussehen, du solltest sie auf keinen Fall mit ins Haus nehmen.

Pflegewarnung

Igel sind keine Heimtiere

Neue Forschungen haben sogar bewiesen, dass auch Igel mit einem geringen Gewicht den Winterschlaf draußen recht gut überleben. Es sterben auf jeden Fall weniger Tiere als in einer geheizten Wohnung und durch falsche Pflege. Wenn du Igeln helfen möchtest, beachte folgende Punkte:

- Igel nicht mit ins Haus nehmen!
- Igel, die im Garten sind, draußen mit Katzenfutter aus der Dose füttern. Zum Trinken bekommen Igel Wasser, denn von Milch bekommen sie Durchfall. Das macht sie krank.
- Im Garten kann man den Igeln Verstecke für den Winterschlaf anbieten. Das kann ein zusammengefegter Laubhaufen sein. Der Igel kriecht dann in das Laub hinein. Man kann ihm aber auch ein richtiges Häuschen bauen. Es wird in den Garten gestellt und du musst Laub und Reisig darüber schichten.

WIE DIE IGEL STACHELN KRIEGTEN

In alten Zeiten trugen die Igel keine Stacheln, sondern seidenweiches Haar, so mollig und lang wie die Angorakarnickel heutzutage. Wenn du artig bist und fein zuhören kannst, will ich dir erzählen, wie sie zu den steifen Pieksborsten kamen.

Igel (Erinaceus Europaeus), ein kleiner, stacheliger Insektenfresser.

Die Stacheligel können eine Größe von 13-27 cm haben und ein Gewicht von 400-1200 Gramm. Sie haben einen kurzen Schwanz, eine spitze Schnauze, ziemlich kleine Augen und kleine, aber deutlich sichtbare Ohren. Sie haben kurze Beine und an jeder Pfote fünf Zehen mit kräftigen Klauen. Die Stacheln sind eigentlich umgeformte Haare, 2-3 cm lang, 1-2 mm dick. Im Durchschnitt hat der Igel ungefähr 6000 Stacheln, die von Zeit zu Zeit ausfallen (wie etwa unser Haar) und erneuert werden.

Die meisten Igel werden im Juni oder Juli geboren. Manche Weibchen werfen auch zweimal im Jahr. Zum ersten Mal im April oder Mai, zum zweiten Mal Ende September oder Anfang Oktober. Pro Wurf werden fünf bis sieben Junge geboren.

Die Jungen sind bei der Geburt blind, rosig und weich behaart; die Stacheln sind zwar unter der Haut bereits angelegt, aber noch nicht sichtbar. Nach gut zwei Wochen öffnen die Jungen die Augen. Mit ungefähr zwei Monaten sind sie imstande sich ihre Nahrung zu suchen und dann machen sie sich selbstständig.

Alle Igel sind Nachttiere. Ihr Geruchssinn und ihr Gehör sind sehr gut, die Augen dagegen nur mäßig. Sie sind überraschend schnell; sie können auch klettern und sogar schwimmen. Den größten Teil ihrer Zeit verbringen sie jedoch auf der Suche nach Nahrung. Ihre Lieblingsspeise sind Würmer, Schnecken und Insekten. Eigentlich fressen sie alles, was sie finden können, auch Frösche, Vogeleier und junge Vögel, Pilze und Obst.

Der Igel führt einen echten Winterschlaf von vier bis fünf Monaten. Hierfür richtet er im Herbst ein weiches Nest her, sammelt aber keinen Wintervorrat, sondern sorgt für eine genügend dicke Speckschicht, von welcher er im Winter zehren kann. Der Winterschlaf des Igels ist so tief, dass sein Herz nur noch zwanzigmal pro Minute schlägt (im Wachzustand 180-mal).

Ein Geburtstag für Kitty

Das ist Daniel.
Er hat rote Wuschelhaare,
einen richtigen Lederfußball
und ein Kettcar.

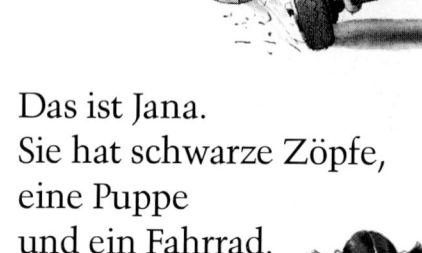

Das ist Katrin.
Sie hat blonde Strubbelhaare,
einen dicken Teddy
und Rollschuhe.

Das ist Jana.
Sie hat schwarze Zöpfe,
eine Puppe
und ein Fahrrad.

Das ist Maxi.
Sie hat braune Locken,
einen bunten Kasperl
und einen Rollstuhl.

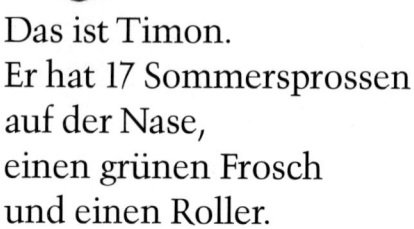

Das ist Timon.
Er hat 17 Sommersprossen
auf der Nase,
einen grünen Frosch
und einen Roller.

Katrin, Daniel, Maxi, Jana und Timon
fahren rund um die Sandkiste,
rund um die Rosenbeete,
rund um die Mülleimer,
rund um die Birken,
rund um den Springbrunnen.

„Schade, dass keiner Geburtstag hat", sagt Katrin.
„Ich hab Lust auf Geburtstag." Sie leckt sich
die Lippen. „Torte und Würstchen…"
„Eiscreme und Essiggurken", sagt Timon.
Katrin lacht.
Da kommt die Katze Kitty um die Hausecke.
Ihren Schwanz trägt sie wie eine weiße Fahne.

„Kitty hat Geburtstag!", ruft Timon.
„Sie wird drei", sagt Timon.
„Klar", sagt Katrin.
Sie rennt ins Haus. Timon, Jana und Daniel laufen hinterher.

Kitty streicht um Maxis Rollstuhl. Maxi nimmt ihr Taschentuch. Sie macht zwei Knoten in zwei Zipfel.
Sie zupft und dreht, bis aus dem Taschentuch eine Maus wird. Maxi hält die Maus am Schwanz hoch.
Kitty spitzt die Ohren und legt eine Pfote auf Maxis Bein.
Maxi lässt die Maus über ihren Rollstuhl hüpfen.
Kitty springt auf die Lehne, ihre Pfote schnellt vor.
Die Maus läuft an Maxis Arm hinauf. Kittys Augen sind schmale Striche.

Da stürmen die Kinder aus dem Haus heraus. Sie bringen Geschenke mit.
Auf einer Bank beim Springbrunnen bauen sie die Geschenke auf:
einen Federball ohne Federn, einen Weihnachtsstern, ein Parfüm-Fläschchen.
Timon hat drei winzige Kerzen in roten Kerzenhaltern mitgebracht. Es ist nicht leicht, sie anzuzünden.
„Happy birthday to you!", singen die Kinder.
Katrin nimmt Kitty auf den Arm. Die faucht.
Timon hängt ihr den Weihnachtsstern um den Hals.
Daniel hält Kitty das Parfüm-Fläschchen vor die Nase.
Kitty strampelt in Katrins Arm und streckt die Krallen aus.
„Du sollst dich doch freuen!", sagt Timon.
Kitty freut sich nicht.

Renate Welsh

fünfter sein

tür auf
einer raus
einer rein
vierter sein

tür auf
einer raus
einer rein
dritter sein

tür auf
einer raus
einer rein
zweiter sein

tür auf
einer raus
einer rein
nächster sein

tür auf
einer raus
selber rein
tagherrdoktor

      Ernst Jandl

Ich habe Schnupfen

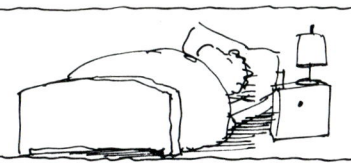

Ich habe Schnupfen.
Meine Nase läuft,
mein Kopf tut weh
und meine Augen brennen.
Ich mag nicht essen,
ich mag nicht spielen,
gar nichts mag ich.
Und auf der Straße
sagen die Kinder „Rotznase" zu mir.

Jetzt bleibe ich zu Hause.
Mein Vater liest mir Geschichten vor,
meine Mutter gibt mir Himbeersaft
und heute Abend darf ich
mit der scharfen Schere
Bilder aus der Zeitung schneiden.

Wartet, ihr da draußen,
wenn ihr Schnupfen habt,
dann sage ich zu euch „Rotznase"!

Ursula Wölfel

Lotta beim Zahnarzt

1 Einmal nahm Mama uns mit zum Zahnarzt, Jonas und mich und Lotta. Mama hatte gesehen, dass Lotta in einem Zahn ein kleines Loch hatte, und das sollte der Zahnarzt zumachen.

5 „Wenn du beim Zahnarzt ganz tapfer bist, dann kriegst du einen Groschen", sagte Mama zu Lotta. Mama musste im Wartezimmer bleiben, während wir drinnen beim Zahnarzt waren. Erst sah er sich meine Zähne an, aber ich hatte kein Loch und da durfte ich zu Mama ins Wartezimmer
10 gehen. Wir mussten da ganz, ganz lange sitzen und auf Jonas und Lotta warten und Mama sagte:
„Nicht zu glauben, dass Lotta gar nicht schreit!"
Nach einer Weile ging die Tür auf und Lotta kam heraus.
„Na, bist du nun tapfer gewesen?", sagte Mama.
15 „Ooooch jaha", sagte Lotta.
„Was hat der Zahnarzt gemacht?", fragte Mama.
„Er hat einen Zahn gezogen", sagte Lotta.
„Und du hast nicht geschrien? Oh, bist du aber tapfer", sagte Mama.
20 „Nöö, ich hab nicht geschrien", sagte Lotta.
„Das ist mir aber mal ein tapferes Mädel", sagte Mama.
„Hier hast du deinen Groschen."
Lotta nahm den Groschen und steckte ihn in die Tasche und machte ein zufriedenes Gesicht.
25 „Kann ich mal sehen, ob es blutet?", sagte ich.
Lotta sperrte den Mund auf, aber ich konnte nicht sehen, dass ihr ein Zahn fehlte.

1 „Er hat ja gar keinen Zahn gezogen", sagte ich.
„Dooch ... bei Jonas", sagte Lotta.
Nachher kam Jonas heraus und der Zahnarzt auch. Der Zahnarzt zeigte auf Lotta und sagte:
5 „Bei diesem kleinen Fräulein konnte ich nichts machen, sie wollte den Mund nicht öffnen."
„Mit diesem Kind muss man sich überall schämen", sagte Jonas, als wir nach Hause gingen.
„Ich hab ihn doch gar nicht gekannt", sagte Lotta. „Ich
10 kann nicht bei Leuten den Mund aufsperren, die ich nicht kenne."

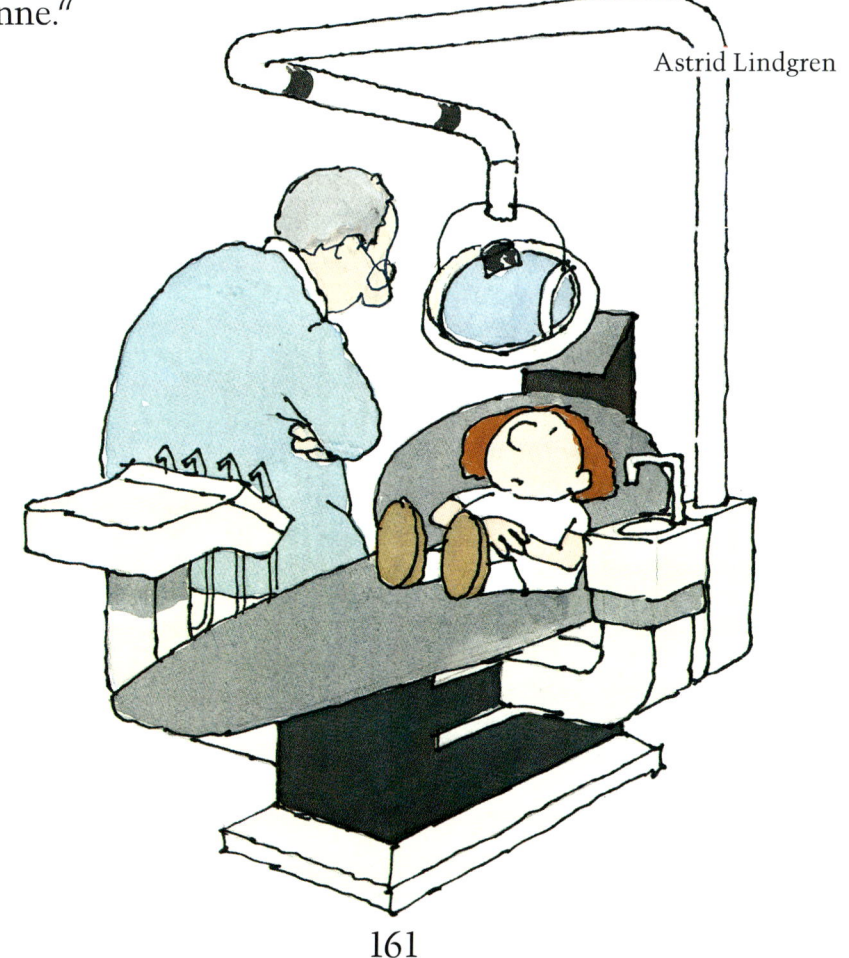

Astrid Lindgren

Die Frau Doktor kommt

Petra liegt im Bett.
Petra hat Fieber und Halsweh und Kopfweh und
Knieweh und Bauchweh und überhaupt Überallweh.

Die Frau Doktor kommt. Sie schaut in Petras Hals.
Sie drückt auf Petras Bauch. Sie klopft auf Petras Rücken.
Sie hält Petras Hand und guckt gleichzeitig auf die Uhr.
„Wie spät ist es?", fragt Petra.
„Gleich Mittag", sagt die Frau Doktor. „Aber ich habe
nicht geschaut, wie spät es ist. Ich habe gezählt, wie
schnell dein Herz schlägt."

Die Ärztin nimmt eine Injektion aus der Tasche.
„Ich muss dir jetzt eine Spritze geben, damit du schnell
wieder gesund bist", sagt sie. „Es tut fast gar nicht weh.
Nur ein kleiner Stich."

Petra hat ein bisschen Angst. Sie dreht sich zur Seite und
macht die Augen zu. Die Mutter schiebt ihr das Nachthemd hinauf. Die Frau Doktor reibt mit Watte auf Petras
rechter Popohälfte. Petra wartet auf den Stich.
„Wir sind schon fertig", sagt die Ärztin.

Als die Frau Doktor gegangen ist, gibt Petra dem Teddy
eine Spritze. Aber der Teddy ist nicht so vernünftig wie
sie. Der schreit und heult. Der strampelt mit den Beinen.
„Du bist wirklich noch zu blöd zum Kranksein",
sagt Petra.

Renate Welsh

Erfolg

Bauch und Kopf waren uneins.
Ach bitte, noch ein Sahnetörtchen.
Nein.
Bitte.
Nicht schon wieder.
Bitte, bitte.
Also gut, noch eins.

Bitte noch ein Sahnetörtchen.
Was denn, schon wieder?
Das ist aber jetzt das letzte.
Oh.
Was denn?
Was ist denn?
Ist dir nicht gut?

                              Jürgen Spohn

Wirrle – knirrle – knarrlelat

Wenn die Hexe Bauchweh hat, macht sie sich einen guten **Salat.**
Sie nimmt einen Lauchstängel.
Sie nimmt einen Lauchstängel und einen Zwetschgenstein.
Sie nimmt einen Lauchstängel und einen Zwetschgenstein und…
Fügt immer ein Wort dazu, bis der Salat fertig ist:
…Rosenkohl, Birnenstiel

    wirrle – knirrle – knarrlelat
    fertig ist nun der Salat!

Wenn die Hexe Zahnweh hat, macht sie sich einen **Wickel.**
Sie nimmt einen Rettich.
Sie nimmt einen Rettich und ein Kohlblatt.
Sie…
…Weidenzweig, …Rattenschwanz, …Spinnenfaden…

    wirrle – knirrle – knarrlezwickel
    fertig ist der Hexenwickel!

Wenn die Hexe Husten hat, kocht sie sich einen **Tee.**
Sie nimmt einen Mauszahn.
…Eierschwamm, …Zwiebelhaut, …Knoblauchzehe, …Lattichstiel,
…Eidechsenschwanz…

    wirrle – knirrle – knarrleknee
    fertig ist der Hexentee!

Wenn die Hexe Kopfweh hat, mischt sie sich ein **Pulver.**
Sie nimmt…

Na so was!

Die Oma kommt ins Zimmer und fragt entsetzt: „Was macht ihr denn da?" „Wir spielen Doktor!" „Und warum sitzt Else oben auf dem Schrank?" „Die haben wir zur Erholung ins Gebirge geschickt!"

„Sag mal, Uta, warum schlägst du denn dauernd Purzelbäume?" „Ach, stell dir vor, ich habe meine Medizin genommen und vergessen, sie vorher zu schütteln!"

> Ein Hase saß auf einer Bank.
> Sein kleines a war etwas krank.
> Doch kamen Boote dort vorbei,
> die hatten von dem o gleich zwei.
> Rasch halfen sie dem Hasen aus,
> der Bote trug das a nach Haus.
> Der Hase staunte wunderbar,
> dass er nun eine Hose war.
>
> Herbert Friedrich

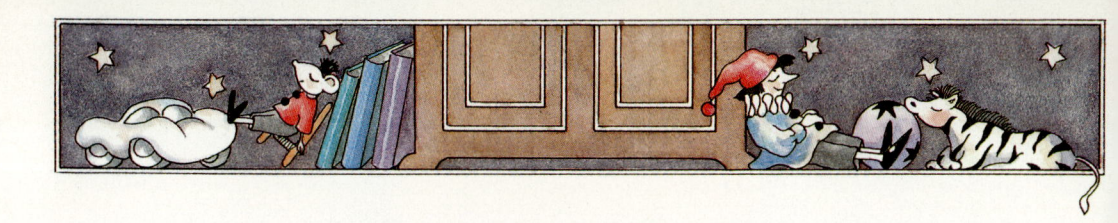

Wer trifft sich da…

…ina
…ika
…e…n
Seb…ian
…us
…bel
…marie
…ter
Ed…
Li…

Suche andere Vornamen. "Schreibe" sie "ähnlich"!

Richtig so?

Doris

Hans Gärtner

Das Waldhaus
(mit Begleitmusik)

Wir liegen im Waldhaus in tiefer Nacht.
Da naht ein Trappeln.
Erwacht! Erwacht!
(Wir trappeln, erst leise, dann laut)

Vorm Fenster stehen die Wölfe
und heulen, alle zwölfe.
(Wolfsgeheul)

Noch zwanzig kommen dazu
und helfen heulen. Hu!
(Noch mehr Geheul)

Jetzt sind es zweiunddreißig.
Wir zittern und bibbern fleißig.
(Bibbern und Zähneklappern)

Nun bringen wir denen das Bibbern bei.
Wir brüllen wie die Löwen – eins, zwei, drei!
(Löwengebrüll)

Die Wölfe fliehn in die Ferne.
Weg sind sie. Das haben wir gerne.
(Trappeln, erst laut, dann sich verlierend)

Im Waldhaus ist es wieder still.
Nur der Wind pfeift noch, bald leis, bald schrill.
(Jeder darf pfeifen, bis er nicht mehr kann)

Josef Guggenmos

Abzähler auf...

Die Kinder aus der Hollergasse wollen Fangen spielen. Sie zählen ab: „Eins, zwei, drei...!"
„Langweilig!", sagt Emmi. Sie wohnt erst ein paar Tage in der Hollergasse.
„Langweilig? Wieso? Was? Das Fangenspielen?", fragt Ilse.
„Nein, das Abzählen! Euer Abgezähle!", erklärt Emmi.
„Mach's doch besser! Weißt du was anderes? Immer diese Neuen! Denen passt aber auch nie etwas!", schreien die Kinder durcheinander.
„Also!" Emmi stellt sich breitbeinig hin, verdreht die Augen und zieht den Mund breit. „Wir haben unsere Abzähler immer selber gemacht. Selber erfunden. Da hieß es: Abzählen auf ... k oder l oder sonst einen Buchstaben."
Einige Kinder werden wispelig. Sie wollen endlich zur Sache kommen. Sie wollen endlich Fangen spielen.
Doch Vrenili und Peps sind neugierig geworden. „Zähl doch mal ab, Emmi!", bitten sie und hüpfen vor Aufregung.

Und Emmi fängt an:

„Kri kra kru
Kreideweiße Kuh.
Kri kra kre
Kunterbunter Klee."

„Toll! Du bist ja toll im Dichten!"
„Noch einen Abzähler! Einen auf schri!"

„Von mir aus", sagt Emmi und platzt schon heraus:

„Schri schra schru
Schneidermeisters Schuh.
Schri schra schre
Schilehrers Schnee."

„Schöner Schnee!", masselt Heini. Aber dann: „Hört euch mal das an:

Fri fra fro
Flach gedrückter Floh.
Fri fra fre
Fürchterliche Fee."

„Mensch, Heini, super! Kannst weitermachen, Heini!"
Heini probiert's und der neue Abzähler purzelt nur so aus seinem Mund heraus:

„Stri stra stro
Stubenhockers Stroh.
Stri stra stre
Starnberger See."

„Emmi hat uns ziemlich in Fahrt gebracht", sagt einer der Jungen, die es schon gar nicht mehr erwarten können, bis das Fangenspielen losgeht.

Hans Gärtner

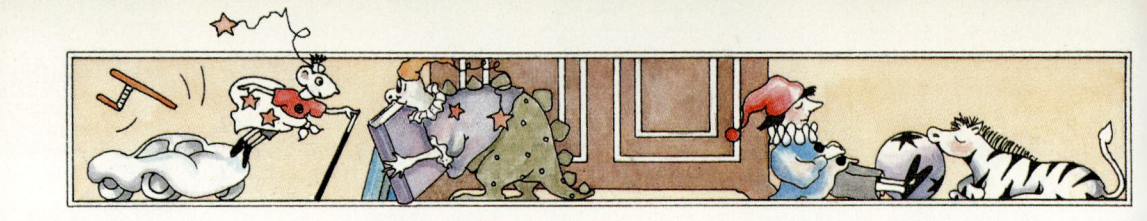

Ein unerforschter Zauberspruch

Achtung!

Vorsicht!

Gefährlich!

Der Zauberspruch, den du hier siehst,
ist *unerforscht* bis heute!
Es fragt sich jeder, der ihn liest,
was er wohl gar bedeute?
Ich rate drum, dass keiner wagt
mit so was Scherz zu treiben!
Noch *niemand* hat ihn *laut* gesagt,
drum lass auch du es bleiben!
Oft wirkt ein Zauberspruch grandios,
oft schlimm, oft gleich, oft später,
drum lies ihn in Gedanken bloß!

Hier steht er:

ABRA + HALASAR
ELKALI + DASAR
SCHAMA + SIMUM
ONDRA + PARTUM
SCHIMMA
SCHIMMA
ALFA + SARDUM

Hast du auch meinem Rat vertraut?
Ich hoff's! Ich wäre nicht erbaut,
wenn Neugier dich verführte.

Vielleicht liest ihn wer anders laut –
— — — — — — — — — — — — — — —
dann schreib mir, was passierte!

Michael Ende

Im Lande der Zwerge

So ist es im Lande der Zwerge:
Ameisenhaufen sind die Berge,
das Sandkorn ist ein Felsenstück,
der Seidenfaden ist ein Strick,
die Nadel ist da eine Stange,
ein Würmlein ist da eine Schlange,
als Elefant gilt da die Maus,
der Fingerhut ist da ein Haus,
die Fenster sind wie Nadelöhre,
ein Glas voll Wasser wird zum Meere,
der dickste Mann ist dünn wie Haar,
der Augenblick ist da ein Jahr.

Volksgut

Im Lande der Riesen

So geht es im Lande der Riesen:
da nähen die Schneider mit Spießen,
da stricken die Mädchen mit Stangen,
da füttert man Vögel mit Schlangen,
da malen mit Besen die Maler,
da macht man wie Kuchen die Taler,
da schießt man die Mücke mit Pfeilen,
da webt man die Leinwand aus Seilen.

Volksgut

Kasper spielt nicht mehr mit

„Hallo, Kinder, seid ihr alle da?", ruft der Kasper.
„Jaaa", schreien die Kinder zurück, weil sie das immer schreien, wenn der Kasper fragt. „Prima!", ruft der Kasper und schwingt die Patsche.

Da taucht das Krokodil auf, verbeugt sich höflich vor dem Publikum und klappt sein Riesenmaul auf.

Da sieht der Kasper das Krokodil. Sofort schlägt er ihm eins kräftig über den Kopf.
Die Kinder lachen laut. Da schlägt der Kasper nochmal zu. Die Kinder lachen lauter.
„Mann, das tut doch weh, hör auf!", sagt das Krokodil. Der Kasper schaut verblüfft, weil das Krokodil sonst nie was sagt, wenn es geprügelt wird.
„Hau drauf", kreischen die Kinder und johlen und klatschen. Der Kasper steht und überlegt.
Er haut nicht drauf. 
Immer auf Krokodile schlagen!
Wozu soll das gut sein? „Ich mag nicht mehr", sagt er, „mir macht das Prügeln keinen Spaß mehr. Schluss!"
Er lässt seine Patsche fallen und spaziert ins Publikum zu den Kindern.

Die Kinder sitzen da und sperren die Mäuler auf. Ein Kasper im Publikum! Wo gibt's denn sowas? Ein Kasper gehört auf die Bühne und zwar sofort!

„Geh rauf", rufen die Kinder, „wir wollen was sehen!"

„Nichts da", sagt der Kasper, „ich hab das Prügeln satt, bis obenhin. Spielt doch mal selber was! Lasst euch was einfallen!"

Die Kinder schauen sich an. Warum eigentlich nicht? Schon stürzen die ersten vor, die anderen drängeln nach. Einer schnappt sich die Patsche und haut sie dem Krokodil links und rechts ums Maul. Ein anderer würgt den Polizisten. Eine dritte reißt Gretel am Haar.

Kasper schaut zu und schnieft durch seine lange Nase: „Da wird ja auch bloß geprügelt!"
Ein heulender Kasper? Das gab's noch nie! Das darf's auch nicht geben.
„Macht doch was anderes", schluchzt der Kasper, fällt euch denn gar nichts ein?"

Gudrun Mebs

Die Bremer Stadtmusikanten

Es hatte ein Mann einen Esel, der schon lange Jahre die Säcke zur Mühle getragen hatte, dessen Kräfte aber nun zu Ende gingen. Da dachte der Herr daran, ihn aus dem Weg zu schaffen. Aber der Esel merkte, dass kein guter Wind wehte und lief fort. Er wollte nach Bremen und dort Stadtmusikant werden. Unterwegs traf er einen Jagdhund, der schwer atmete.

„Ach", sagte der Hund, „weil ich alt bin und jeden Tag schwächer werde, hat mich mein Herr wollen totschlagen, da habe ich Reißaus genommen. Aber womit soll ich nun mein Brot verdienen?"

„Weißt du was", sprach der Esel, „ich gehe nach Bremen und werde dort Stadtmusikant, geh mit. Ich spiele die Laute und du schlägst die Pauke." Der Hund war zufrieden und sie gingen weiter.

Es dauerte nicht lange, da saß eine Katze am Weg. Sie machte ein Gesicht wie drei Tage Regenwetter.

„Nun, was ist dir in die Quere gekommen?", sprach der Esel.

„Wer kann da lustig sein", antwortete die Katze. „Weil ich nun alt bin, meine Zähne stumpf werden, und ich lieber hinter dem Ofen sitze, als nach Mäusen herumjage, hat mich meine Frau ersäufen wollen. Da habe ich mich fortgemacht. Aber wo soll ich hin?"

„Geh mit uns nach Bremen, da kannst du Stadtmusikant werden." Die Katze hielt das für gut und ging mit.

Wenig später kamen die drei an einem Hof vorbei. Auf dem Tor saß der Haushahn und schrie aus Leibeskräften. „Warum schreist du so?", fragte der Esel.

„Ach", jammerte der Hahn, „die Köchin hat gesagt, sie wollen mich morgen in der Suppe essen. Und da soll ich mir heute Abend den Kopf abschneiden lassen. Nun schrei ich aus vollem Hals, solang ich noch kann."

„Zieh lieber mit uns fort, wir gehen nach Bremen. Du hast eine gute Stimme, wir können zusammen musizieren."

Dem Hahn gefiel der Vorschlag und sie gingen alle vier zusammen fort.

Auf dem Weg in die Stadt Bremen kamen sie abends in einen Wald, wo sie übernachten wollten. Der Esel und der Hund legten sich unter einen großen Baum, die Katze und der Hahn setzten sich in die Äste. Der Hahn aber flog bis in die Spitze, wo es am sichersten war. Da sah er in der Ferne ein Licht brennen.

Da muss ein Haus sein, dachten die Tiere. Also machten sie sich auf den Weg nach der Gegend, wo das Licht war. Bald sahen sie es heller schimmern und es ward immer größer, bis sie vor ein hell erleuchtetes Räuberhaus kamen. Der Esel, als der Größte, näherte sich dem Fenster und schaute hinein.

„Was siehst du, Grauschimmel?", fragte der Hahn.

„Was ich sehe?", antwortete der Esel, „einen gedeckten Tisch mit schönem Essen und Trinken, und Räuber sitzen daran und lassen's sich wohl sein."

„Das wäre was für uns", sprach der Hahn.

„Ja, ja, ach, wären wir da!", sagte der Esel.

Da ratschlagten die Tiere, wie sie es anfangen müssten, um die Räuber hinauszujagen, und fanden endlich ein Mittel. Der Esel musste sich mit den Vorderfüßen auf das Fenster stellen, der Hund auf des Esels Rücken springen, die Katze auf den Hund klettern, und endlich flog der Hahn hinauf und setzte sich der Katze auf den Kopf. Wie das geschehen war, fingen sie auf ein Zeichen insgesamt an ihre Musik zu machen: der Esel schrie, der Hund bellte, die Katze miaute und der Hahn krähte; dann stürzten sie durch das Fenster in die Stube hinein, dass die Scheiben klirrten. Die Räuber fuhren bei dem entsetzlichen Geschrei in die Höhe, meinten nicht anders, als ein Gespenst käme herein, und flohen in größter Furcht in den Wald hinaus. Nun setzten sich die vier Musikanten an den Tisch und aßen, als wenn sie vier Wochen hungern sollten.

Wie sie mit dem Essen fertig waren, löschten sie das Licht aus und suchten sich eine Schlafstätte. Der Esel legte sich auf den Mist, der Hund hinter die Türe, die Katze auf den Herd zu der warmen Asche und der Hahn setzte sich auf den Türbalken. Und weil sie müde waren von ihrem langen Weg, schliefen sie auch bald ein.

Als Mitternacht vorbei war und die Räuber von weitem sahen, dass kein Licht mehr im Haus brannte, auch alles ruhig schien, sprach der Hauptmann: „Wir hätten uns doch nicht sollen verjagen lassen", und er schickte einen Mann los, der im Haus nachschauen sollte.

Der Losgeschickte fand alles still. Er ging in die Küche und wollte ein Licht anzünden. Weil er die glühenden, feurigen Augen der Katze für Kohlen ansah, hielt er ein Zündholz daran, dass es Feuer fangen sollte. Aber die Katze verstand keinen Spaß, sprang ihm ins Gesicht, spie und kratzte. Da erschrak er gewaltig, lief und wollte zur Hintertüre hinaus. Aber der Hund, der dort lag, sprang auf und biss ihn ins Bein. Als er über den Hof rannte, gab ihm der Esel noch einen tüchtigen Schlag mit dem Hinterfuß. Der Hahn aber, der vom Lärmen aus dem Schlaf geweckt und munter geworden war, rief vom Balken herab: „Kikeriki!"

Da lief der Räuber, was er konnte, zu seinem Hauptmann zurück und sprach: „Ach, in dem Haus sitzt eine gräuliche Hexe, die hat mich angefaucht und mit ihren langen Fingern mir das Gesicht zerkratzt; und vor der Türe steht ein Mann mit einem Messer, der hat mich ins Bein gestochen; und auf dem Hof liegt ein schwarzes Ungetüm, das hat mit einer Holzkeule auf mich losgeschlagen; und oben auf dem Dache, da sitzt der Richter, der rief: ‚Bringt mir den Schelm her.' Da machte ich, dass ich fortkam."

Von nun an getrauten sich die Räuber nicht weiter in das Haus; den vier Bremer Musikanten gefiel's aber so wohl darin, dass sie nicht wieder heraus wollten.

Brüder Grimm

Mein Ball

Mein Ball
zeigt, was er kann,
hüpft
hoch wie ein Mann,
dann
hoch wie eine Kuh,
dann
hoch wie ein Kalb,
dann
hoch wie eine Maus,
dann
hoch wie eine Laus,
dann
ruht er sich aus.

Josef Guggenmos

Der Ball

Ist der Ball guter Laune,
Dann springt er
Und springt
Und springt
Und springt
Und springt
Und springt
Und springt
Und springt
Und springt
Und springt
Und springt
Und springt
Und springt,
Und nichts kann ihn halten.

Ludwig Jerzy Kern

Ball an die Wand

Die Spieler werfen
den Ball an die Wand.
Dabei müssen sie
verschiedene Aufgaben lösen.
1. Zehnmal den Ball an die Wand
   werfen und auffangen.
   Der Ball darf nicht
   auf den Boden fallen.
2. Vor dem Fangen
   in die Hände klatschen.
3. Den Ball unter dem Knie
   hindurchwerfen.
4. Sich vor dem Fangen
   um die eigene Achse drehen.

Überlegt euch weitere Aufgaben.

Tratzball

Einer geht in die Mitte.
Die anderen spielen
sich den Ball zu.
Der Spieler in der Mitte
muss den Ball fangen.
Gelingt ihm das,
wechseln die Spieler die Plätze.
In die Mitte geht der Spieler,
der den Ball geworfen hat.

Freiball

Die Spieler bilden einen Kreis.
Sie halten die Beine
weit auseinander.
Ein Spieler in der Mitte
muss den Ball
durch die Beine rollen.
Auch Werfen ist erlaubt.
Die anderen dürfen
den Ball
mit den Händen und Füßen
abwehren.
Wer den Ball durchlässt,
muss in die Mitte.

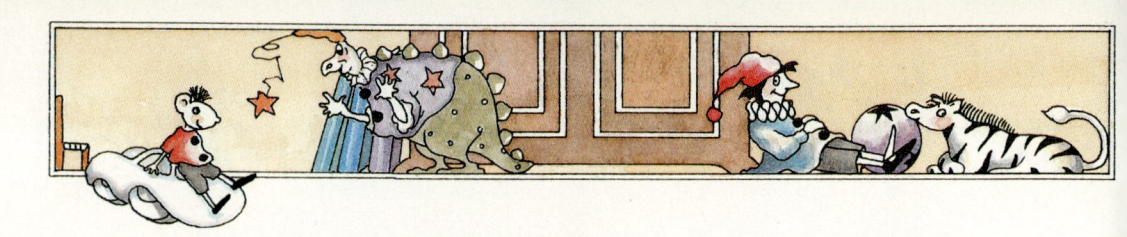

Als Fußgänger unterwegs

Was bedeutet dieses Zeichen?

1. Der Fußgänger muss stehen bleiben.
2. Du darfst Hüpfspiele machen.
3. Übergang für Fußgänger.
4. Halteverbot für Fußgänger.
5. Trimm-Dich-Pfad.

„Na, mein Kleiner, warum weinst du denn so?", fragt ein Passant den kleinen Abc-Schützen, der total verzweifelt an einer Straßenkreuzung steht.
„Weil kein Auto kommt", jammert der.
„Aber deshalb brauchst du doch nicht zu weinen!"
„Doch, wir haben in der Schule gelernt, dass man nur über die Straße gehen darf, wenn das Auto vorbeigefahren ist."

EIN 🦓 GING SPAZIEREN

in einer großen Stadt,
die neben vielen Straßen
auch 🦓 streifen hat.

Es konnte überqueren
die Straßen, kreuz und quer,
denn dort, wo es sich zeigte,
da stoppte der Verkehr.

WARUM WOHL?

Zebra sorgt für Aufregung
Tier war aus Zirkus entlaufen – Leicht verletzt

Trier (dpa) – Ein Zebra hat die Trierer Innenstadt durcheinander gebracht. Das Zebra – es hatte sich aus einem Schweizer Zirkus davongemacht – galoppierte, verfolgt von drei Polizeiwagen und zwei Polizisten auf Motorrädern, quer durch die Stadt. Auch ein quer auf die Straße gestellter Streifenwagen war kein Hindernis, mühelos sprang das Zebra über die Motorhaube.

Das Spektakel war nach Angaben der Polizei erst zu Ende, als der Zirkusdirektor den Hals seines inzwischen müden Zebras umklammern konnte. Zurück im Zelt musste das Tier verarztet werden. Es hatte sich beim Sprung über einen Zaun verletzt.

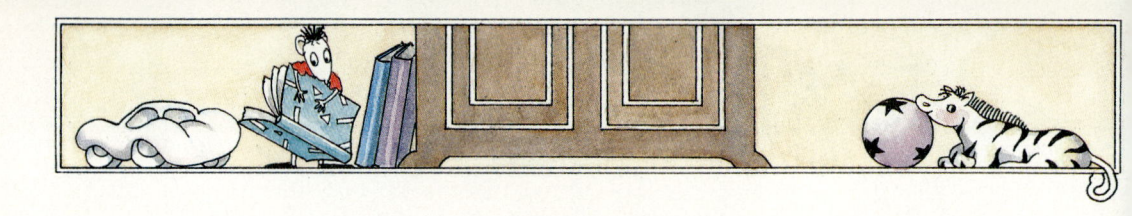

Eine schrecklich aufregende Bärengeschichte

Als Oma gestern vom Einkaufen nach Hause kam

LIBE OHMA, DIE BRUMMBÄREN SIND IN DER KÜCHE! GIP ACHT. DEIN OLAF

fand sie an der Haustür einen Brief.....

...der sie schrecklich aufregte, und alle ihre Nachbarn auch.

Man rief nach der Polizei und der Feuerwehr, die sich mutig und besonnen Omas Küche näherten.

Was sie dort vorfanden, war Oma sehr peinlich.

Und am Nachmittag musste Olaf dann üben, wie man **BROMBEEREN** schreibt.

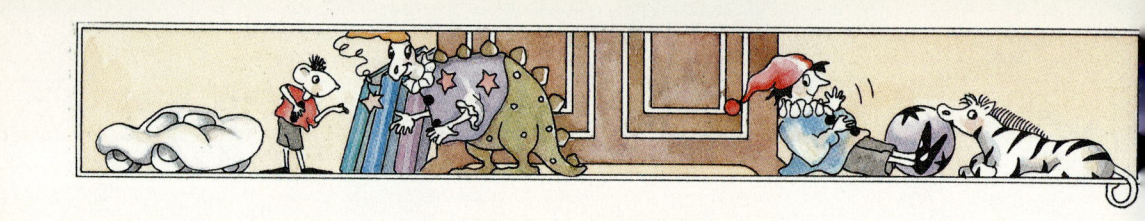

lichtung

manche meinen
lechts und rinks
kann man nicht
velwechsern.
werch ein illtum!

                    Ernst Jandl

Freundschaft verbindet

Ein Bonbon verbrachte seine Zeit in
einer Hosentasche. Er fürchtete sich vor
seiner Zerlutschung.
Außer ihm waren da noch:
ein Schräubchen, ein Knopf, ein Pfennig
und Krümel. Sie vertrugen sich gut
miteinander.
Die Schraube sagte: Was können wir tun,
damit ich nicht verschraubt werde,
damit du nicht angenäht wirst,
damit du nicht in ein Sparschwein musst,
damit ihr nicht weggefegt werdet und
damit du nicht genascht wirst?
Als das der Bonbon hörte, wurde er vor
Aufregung ganz klebrig. Sie rückten
dicht zusammen und hingen
für alle Zeit aneinander.

Jürgen Spohn

Klein Rotraut

Die kleine, zarte Rotraut
war ganz verrückt auf Rotkraut.
Die Mutter hatte ihre Not!
Vom Frühstück bis zum Abendbrot
schrie die Rotraut:
„Ich will Rotkraut!"
Von ihrem dummen Rotkrauttick,
da wurde sie ganz rot und dick.
Und eines Tages, welch ein Schreck,
war die Rotraut
ein Rotkraut.

Susanne Kilian

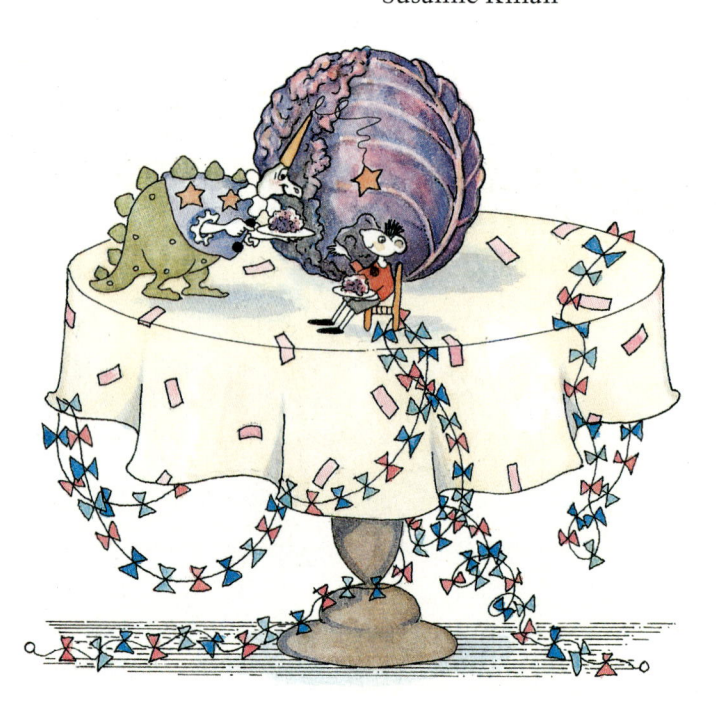

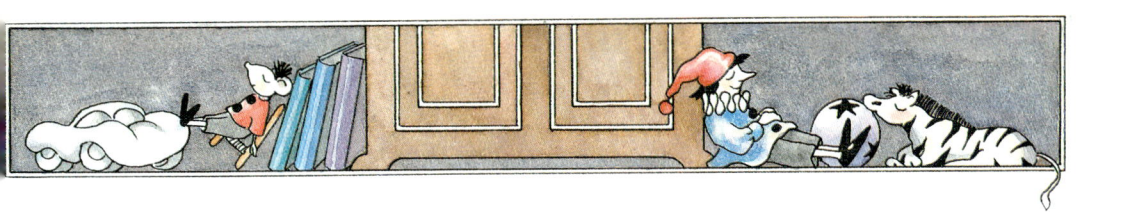

Das spaßige Echo

An dieser Stelle entdeckte Josef Gottlieb Heacher anno 1865 das Thierbacher Echo. Es empfiehlt sich, mit dem Angesicht zum Wilden Kaiser 3x „Bitterer Kaiser" zu rufen, worauf es oft zurückhallt: „Bitte leiser!"

Was essen die Studenten?

Was isst der Herr Meier?

Was gibt es zum Reis?

Wer lacht über mich?

Was gibt es zu gaffen?

Wie heißt der Bürgermeister von Wesel?

Renate Welsh schreibt Bücher

Viele schöne Bücher und Geschichten stammen von ihr. Renate Welsh wurde im Jahr 1937 in Wien geboren. Als sie vier Jahre alt war, starb ihre Mutter. Mit ihren beiden Schwestern lebte sie einige Zeit bei den Großeltern. Schon bevor sie in die Schule kam, konnte sie schreiben und lesen und hat selbst Geschichten erfunden.
Der Vater heiratete bald wieder und sie erzählt: „Meine Stiefmutter hatte fürchterliche Schwierigkeiten mit mir und ich mit ihr." So oft es ging besuchte sie ihren heiß geliebten Großvater. Mit ihm konnte sie über alles reden. Er starb, als sie acht Jahre alt war.
Nach der Schule studierte Renate Welsh und übersetzte englische Bücher. Sie heiratete mit 19 Jahren. Ihre drei Söhne sind jetzt erwachsen und haben selbst Kinder.
Seit 1970 schreibt Renate Welsh Bücher für Kinder und Jugendliche. Für ihr erstes Buch bekam sie gleich einen wichtigen Preis. Viele Preise folgten.
In ihren Büchern schreibt sie oft über Kinder, die Schwierigkeiten haben. Sie zeigt aber auch, wie man fröhlich sein kann und wie man sich durchsetzen lernt.

Ich über mich

Ich kam schon mit fünf Jahren in die Schule. Weil ich unbedingt wollte. Ich war immer randvoll mit Fragen, und niemand hatte Zeit, sie zu beantworten. Ich war überzeugt, dass Lehrer nur dazu da waren, Fragen zu beantworten, dass sie nie sagen durften: „Das ist so, weil es eben so ist." oder „Dazu bist du zu klein."
Leider war ich anders als die anderen, ziemlich schüchtern und das einzige Kind im Dorf, das knallrote Haare hatte. „Tatü, tatü, die Feuerwehr kommt!", riefen die großen Buben, wenn ich in die Klasse kam. „Rotschädlerte Hex!" Dann brüllte die ganze Klasse vor Lachen, und ich wünschte, ich wäre tot. Wenn ich tot wäre, dachte ich, hätten mich endlich alle lieb.
Da bekam ich plötzlich ein Angebot: Der Größte und Stärkste in der Klasse versprach mich zu beschützen, wenn ich ihm jeden Tag die Hausaufgaben schreibe. Ich war sofort einverstanden. Nach wenigen Tagen verlangte er als Draufgabe eine Geschichte auf dem Heimweg, sonst sei es viel zu fad, mit einem Mädchen heimzugehen.

E

Also dachte ich mir jeden Abend eine Geschichte für ihn aus. Darin hatte ich Übung, ich erzählte auch meinen Schwestern immer Geschichten. Aber während meine Schwestern Prinzessinnen und Feen liebten, bestand er auf Abenteuern. Wenn die Geschichten spannend genug waren, begleitete er mich bis zu unserem Gartentor. Wenn sie ihn langweilten, rannte er weg. Und dann kamen die anderen.

Nach Weihnachten, als wir schon alle Buchstaben schreiben konnten, verlangte der Bub, ich müsse die Geschichten auch aufschreiben. Er organisierte Papier, Rechnungsblocks aus dem Gasthaus, in dem seine Mutter arbeitete.

Er zählte mir acht Zettel vor. Ich musste sie falten und ordentlich zusammenheften. Dann musste ich am Montag mit grünem, am Dienstag mit gelbem und am Mittwoch mit rotem Farbstift schreiben…

Vorne musste ich ein Bild malen. Es musste ein richtiger Umschlag sein und hinten wollte er ein Kreuzworträtsel haben.

Renate Welsh

Ein Gespräch mit Renate Welsh

Wir besuchten Renate Welsh in ihrem kleinen Ferienort in Österreich. Dort kann sie am besten schreiben, weil sie nicht gestört wird. Frau Welsh zeigt uns ihren Arbeitsplatz.

Renate Welsh:
Dieser Schreibtisch stammt noch von meiner Ur-Ur-Großmutter. Er ist mein bester Schreibplatz. Das Licht fällt gut darauf. All die kleinen Dinge, die da herumliegen, sind Sachen, die irgendeine Geschichte haben. Viele Dinge haben mir Kinder geschenkt, die meine Bücher gelesen haben.
Wenn mir nämlich ein Kind eine Friedenstaube macht und sagt, „die musst du auf den Schreibtisch tun", dann muss sie halt auf dem Schreibtisch sitzen.

Kommt es oft vor, dass Ihnen Kinder schreiben?
Renate Welsh:
Eigentlich schon. Die Kinderbriefe, die ich kriege, sind mein Kostbarstes. Die hebe ich gut auf.

Was schreiben denn achtjährige Kinder?
Renate Welsh:
Sie schreiben: „Du hast ein schönes Buch geschrieben, wann schreibst du endlich den zweiten Band?" oder „Schick mir bitte ein Autogramm!"
Aber manchmal ist es auch so, dass sie mir von den eigenen Problemen erzählen. Sie denken: „Du hast das Kind in der Geschichte verstanden, du verstehst mich sicher auch!"
Kinder schreiben mir Fortsetzungsgeschichten, zum Beispiel zu meinem Buch „Vamperl". Es handelt von einem kleinen Vampir, der bösen Menschen das Gift aussaugt und sie dadurch gut macht.

Beantworten Sie die Briefe auch?
Renate Welsh:
Ja, selbstverständlich.

Wie kommen Sie auf Ideen für Ihre Geschichten?
Renate Welsh:
Es ist mir halt nicht egal, was rundherum passiert. Ich rede viel mit Menschen und denke nach, warum manches so ist, zum Beispiel, warum Ausländer so schwer eine Wohnung bekommen. Das ist oft eine lange und mühsame Arbeit. Erst wenn ich von einer Sache ganz viel weiß, denke ich mir dazu eine Geschichte aus.

Sie können sich gut in andere Menschen hineindenken und sie so beschreiben, dass man sie sich leicht vorstellen kann.
Renate Welsh:
Das habe ich als Kind gelernt. Mein Vater war Arzt und er hat mich oft zu alten Patienten geschickt. Ich sollte ihnen etwas bringen oder helfen. Die haben sich gefreut, dass ich gekommen bin und haben mir ihre Lebensgeschichten erzählt. Und so saß ich dort stundenlang und habe zugehört.

In Ihren Geschichten kommt oft ein Großvater vor.
Renate Welsh:
Ja, da denke ich schon an meinen eigenen Großvater. Er war meine große Liebe und ich die seine. Ich schaffe es einfach nicht, einen bösen Großvater für meine Geschichten zu erfinden.

Lesen Sie selbst auch aus eigenen Büchern vor?
Renate Welsh:
Ja, sogar sehr viel. Ich werde von Büchereien oder von Schulen eingeladen. Dann zeige ich oft auch, wie man kleine Geschichten zum Vorlesen erfinden kann. Ein schöner und einfacher Anfang ist zum Beispiel: Man nimmt die Buchstaben seines Namens und denkt sich zu jedem Buchstaben Wörter aus, die zu einem passen oder die man mag. Und dann kann man die Wörter mit jemandem austauschen und ihn bitten: „Schreibst du mir eine Geschichte als Geschenk, in der meine Wörter vorkommen und deine Wörter natürlich auch? Die Reihenfolge ist egal. Da entstehen oft hinreißende Texte, von Kindern und Erwachsenen gleichermaßen.

Wie buchstabiere ich mich heute?

R wie reden oder rennen?
Ratlos, weil ich mich oft so fühle vor dem weißen Papier?
R wie Ringelblumen, weil die jetzt so schön blühen?
R wie Rindenboot, Regentropfen, Rotbuche, Rotkehlchen, Rosmarin?
Bestimmt nicht R wie Raketen, die mag ich nicht.

E wie Erde, Eichhörnchen, Enzian, Eidechsen?
Erleben, entdecken, erwarten?
Oder einfach, eigenartig?

N wie Nachbarin, närrisch, Nusskipferl, Nachtmusik, nah?
Wahrscheinlich doch N wie neugierig. Das passt am besten zu mir.

A wie Anfang, Abendwind, Akelei, Augenblick, Atemzug, aufmerksam, abenteuerlich, anders, aufhorchen, anschauen?
Oder doch Affenbabys?
Und wie wäre es mit Aussichtsturm?

T wie träumen, tanzen, teilen, trödeln, tauschen, tauchen, Tautropfen, Trompete, Tannenzapfen, Tintenklecks?
Vielleicht Timbuktu, das klingt geheimnisvoll.

E wie Ende. Nein.
Lieber E wie Erdbeeren, Elefanten, Eiszapfenglitzern und Endlich-bist-du-da.

Text- und Bildquellenverzeichnis

S. 3 James Krüss, Das Lesen, in: Der Zauberer Korinthe, Friedrich Oetinger Verlag, Hamburg 1982;
S. 4 Das Gute an Büchern ist, in: Schnedderengpeng, Lesebuch für das 4. Schuljahr, Sabe AG, Verlagsinstitut für Lehrmittel, Zürich 1988; Illustration: Martin Eberhard;
S. 5 Wo liest du am liebsten?, nach Sonja Student, in: Mücke, Heft 1, 1989, Universum Verlagsanstalt, Wiesbaden;
S. 6 James Krüss, A, B, C, D, was tut nicht weh?, in: Mein Großvater und ich, Friedrich Oetinger Verlag, Hamburg 1967;
S. 7 Hans Manz, Wo sich die Menschen doch überall verstecken, in: Die Kunst zwischen den Zeilen zu lesen, Verlag Beltz & Gelberg, Weinheim 1979;
S. 8 Das ist ein Theater, in: Ich und du und die anderen, Kindermagazin, Hirschgraben Verlag, Frankfurt;
S. 9 Ich und du, Schülerarbeiten Grund- und Teilhauptschule Schönberg;
S. 10 Rosemarie Künzler-Behncke, Was ich alles mit dem Gesicht machen kann, in: H. J. Gelberg (Hrsg.), Das achte Weltwunder, Verlag Beltz & Gelberg, Weinheim 1979;
S. 11 Hans Stempel/Martin Ripkens, Kinderkram, in: Purzelbaum, Verse für Kinder, Ellermann Verlag, München 1972;
S. 12 Marieluise Bernhard-von Luttitz, Nina, das kleingroße Mädchen, Loewes Verlag, Bayreuth 1967;
S. 13 Marianne Kreft, Anja, in: H. J. Gelberg (Hrsg.), Überall und neben dir, Verlag Beltz & Gelberg, Weinheim 1986; Foto: M. Schnell, München;
S. 14 Mechthild zum Egen, Mut, in: Mücke, Heft 6-7, 1986, a. a. O.;
S. 15 Marianne Kreft, Sabine, in: Überall und neben dir, a. a. O.;
S. 16 Max Bolliger, Was uns die Angst nimmt, in: Weißt du, warum wir lachen und weinen? E. Kaufmann Verlag, Lahr 1977;
S. 17 Hanna Hanisch, Meine zweimal geplatzte Haut, in: Überall und neben dir, a. a. O.;
S. 18 Ursula Wölfel, Die Geschichte vom Vater, der die Wand hochging, in: Neunundzwanzig verrückte Geschichten, Hoch Verlag, Stuttgart 1974;
S. 19 Kinder erzählen von ihren Eltern, nach Jella Lepmann (Hrsg.), Kinder sehen unsere Welt, Ullstein Verlag, Frankfurt/M. 1971;
S. 20 Heinrich Hannover, Von der Fliege, die den Großvater und die Großmutter geärgert hat, in: Die Birnendiebe vom Bodensee, März Verlag, Frankfurt/M. 1971;
S. 21 Roswitha Fröhlich, Meine Tante, in: Fröhlich/M. Marcks, Na hör mal, Otto Maier Verlag, Ravensburg 1983;
S. 22 Astrid Lindgren, Lisa erzählt eine Spukgeschichte, in: Die Kinder aus Bullerbü, Friedrich Oetinger Verlag, Hamburg 1970;
S. 23 Elke Kahlert, So eine Familie!, in: Was ich schon alles machen kann, Domino Verlag, München 1975;
S. 24 Irina Korschunow, Jörg lernt kochen, in: Gunnar spinnt, rororo Rotfuchs, Reinbek 1983;
S. 27 Peter Härtling, Sofie vergisst eigentlich nichts, in: Sofie macht Geschichten, Verlag Beltz & Gelberg, Weinheim 1980;
S. 28 Wolf Harranth, Ich bin allein und die Uhr tickt, in: Überall und neben dir, a. a. O.;
S. 29 Irmela Wendt, Tick tack, in: H. J. Gelberg (Hrsg.), Geh und spiel mit dem Riesen, Verlag Beltz & Gelberg, Weinheim 1971; Illustration: Peter Schimmel;
S. 30 Ursula Wölfel, Angst und Mut, in: Wunderbare Sachen, Schwann Verlag, Düsseldorf o. J.;
S. 32 Hans Manz, Pech, in: Lieber heute als morgen, Verlag Beltz & Gelberg, Weinheim 1988;
S. 33 Paul Maar, Gute Nacht, in: H. Martin/B. H. Schmidt (Hrsg.), Es kommt ein Bär von Konstanz her, rororo Rotfuchs, Reinbek 1986;
S. 34 Irmela Brender, Wir, in: Joachim Fuhrmann (Hrsg.), Gedichte für Anfänger, rororo Rotfuchs, Reinbek 1980; Foto: M. Schnell, München;
S. 35 Georg Bydlinski, Wann Freunde wichtig sind, in: Der Mond heißt heute Michael, Herder Verlag, Freiburg 1981;
S. 36 Aliki Brandenberg, Elisabeth, Telefon!, in: Gefühle sind wie Farben, Verlag Beltz & Gelberg, Weinheim 1987;
S. 38 Werner Färber, Kannst du schweigen? in: Mücke, Heft 6-7, 1987, a. a. O.;
S. 39 Jo Pestum, Jeden Tag, in: Auf der ganzen Welt gibt's Kinder, Arena Verlag, Würzburg 1976;
S. 40 Manfred Mai, Leicht und schwer, in: Mücke, Heft 6-7, 1987, a. a. O.;
S. 41 Komm!, in: Hermann Schuh, Komm, bitte!, Lesen 1, Leseheft 1, Max Hueber Verlag, München 1974;
S. 42 Eva Rechlin, Das Haus, in: H. J. Gelberg (Hrsg.), Stadt der Kinder, Georg Bitter Verlag, Recklinghausen 1969; Graphik: R. Mühlbauer/H. Rink, Himmelszelt und Schneckenhaus, Verlag Sauerländer, Aarau 1979;
S. 43 Wo Kinder wohnen, nach Roderich Menzel, Wo die Kinder wohnen, Hoch Verlag, Stuttgart 1979; Fotos: Bildagentur Mauritius, Mittenwald;
S. 44 Philipp Günther, Aufgeregt im Kinderzimmer, in: Texte für die Primarstufe 2, Schroedel Verlag, Hannover 1986;
S. 45 Birgit Willimek, Eine Wohnung für Kinder, Originalbeitrag;
S. 46 Elisabeth Stiemert, Von dem Jungen, vor dem alle Angst hatten, in: Die Sammelsuse, Gerstenberg Verlag, Hildesheim 1984;
S. 48 Elisabeth Stiemert, Nachbar-Theater, in: Vorhang auf! Spaßgeschichten, Spielgeschichten, F. W. Heye Verlag, München/Hamburg 1978;
S. 49 Walter Köpp, Schulhausmeisterwohnung, Originalbeitrag;

S. 50	Irina Korschunow, Meine Lehrerin mag mich nicht, in: Leselöwen Schulgeschichten, Loewes Verlag, Bayreuth 1978;
S. 52	Ute Andresen, Zirkus-Schule, in: ABC und alles auf der Welt, Verlag Beltz & Gelberg, Weinheim 1984;
S. 53	Muraho!, nach Christoph Lutz, Zu Besuch bei der Familie Sibomana, Jugenddienst Verlag, Wuppertal 1981; Foto: Agentur Wings, W. Gartung & Partner, Freiburg;
S. 54	Peter Härtling, Sofie ist ängstlich, in: Sofie macht Geschichten, a. a. O.;
S. 55	Peter Härtling, Sofie hat einen neuen Pullover, in: Sofie macht Geschichten, a. a. O.;
S. 56	Glücksbringer, nach Dagmar Binder, Mücki, Heft 1, 1989, Universum Verlag, Wiesbaden;
S. 58	Hans Christian Andersen, Zwölf mit der Post, in: Andersens Märchen, Winkler Verlag, München 1949;
S. 60	Jürgen Spohn, Alltag, in: Ach so, Bertelsmann Verlag, München 1982;
S. 61	Foto: B. Hagemann, München;
S. 62	Jutta Richter, Und jeden Samstag baden..., rororo, Reinbek 1987;
S. 64	Matthias Claudius, Das Bauernlied (Ausschnitt), in: Sämtliche Werke, Winkler Verlag, München 1968;
S. 65	Peter Hacks, Die Blätter an meinem Kalender, in: Der Flohmarkt. Gedichte für Kinder, Benziger Verlag, Köln/Zürich;
S. 66	Rätsel, in: Ute Andresen, ABC und alles in der Welt, a. a. O.;
S. 67	Georg Britting, Goldene Welt, in: Aus dem Nachlaß, Nymphenburger Verlagshandlung, München 1967;
S. 68	Oskar Dreher, Der Wind vor dem Richter, in: H. Schorer (Hrsg.), Gedichte für die Grundschule, Diesterweg Verlag, Frankfurt/M. 1972;
S. 70	Günter Ullmann, Herbstwind, in: Überall und neben dir, a. a. O.;
S. 71	Loriot, Fliegende Hüte, in: Möpse und Menschen. Eine Art Biographie, Diogenes Verlag AG, Zürich 1983;
S. 72	James Krüss, Novemberwetter, in: Der wohltemperierte Leierkasten, Bertelsmann Verlag, Gütersloh 1961;
S. 73	Rolf Krenzer, Spiellied vom heiligen Martin, in: Weihnachten im Kindergarten, Edition Kemper im Verlag E. Kaufmann, Lahr 1984;
S. 74	Alfons Schweiggert, Die Geschichte vom beschenkten Nikolaus, in: Geschichtenbuch, Lentz Verlag, München 1961;
S. 76	Fritz und Emilie Kögel, Der Bratapfel, in: R. Wildermuth, Der Sonnenbogen, Ellermann Verlag, München 1976;
S. 77	Friedrich Güll, Will sehen, was ich weiß vom Büblein auf dem Eis, in: Kinderheimat in Liedern, Verlag G. W. Dietrich, München;
S. 78	Helga Aichinger, Der Hirte, in: Der Hirte, Middelhauve Verlag, Köln 1966;
S. 80	Sylvia Payrhuber, Unser Christbaum, in: Franz-Josef Payrhuber (Hrsg.), Wir sagen euch an, Herder Verlag, Freiburg 1983;
S. 81	Josef Weinheber, Dezember, in: Hier ist das Wort. Gedichte, Hoffmann & Campe-Verlag, Hamburg 1953;
S. 82	Christian Morgenstern, Die drei Spatzen, in: Gesammelte Werke, Piper Verlag, München 1961;
S. 83	Otfried Preußler, Schneemann, Schneemann, braver Mann!, in: Die kleine Hexe, Thienemann Verlag, Stuttgart 1970; Illustrationen: Winnie Gebhardt-Gayler;
S. 87	Charles M. Schulz, Die Peanuts, Bulls Pressedienst, Frankfurt;
S. 88	Spaß mit Hut, nach Hildegard Müller, in: Mücke, Heft 2, 1988, a. a. O.;
S. 90	Foto: B. Glaser, Frankfurt;
S. 91	Foto: B. Glaser, Frankfurt;
S. 92	Christian Morgenstern, Der Frühling kommt bald, in: H. O. Proskauer (Hrsg.), Sämtliche Dichtungen Bd. 1-11, Zbinden Verlag, Basel 1971-;
S. 93	Heinrich Hannover, Der tolpatschige Osterhase, in: Das Pferd Huppdiwupp und andere lustige Geschichten, rororo Rotfuchs, Reinbek 1972;
S. 95	Mira Lobe, Ein Osterhase, in: Der Sonnenbogen, a. a. O.;
S. 96	Astrid Lindgren, April, April, in: Mehr von uns Kindern aus Bullerbü, Friedrich Oetinger Verlag, Hamburg 1964;
S. 98	Ursula Wölfel, Liebe Mutter, in: Schwannfibel, Pädagogischer Verlag Schwann, Düsseldorf 1966; Illustration: Ida-Marie Corell, 7 Jahre;
S. 99	Josef Guggenmos, Die Tulpe, in: Der Sonnenbogen, a. a. O.;
S. 100	Eva Rechlin, Beim Gewitter, in: Barbara Bartos-Höppner (Hrsg.), Kindergedichte unserer Zeit, Arena Verlag, Würzburg 1984;
S. 101	Graphik: Ein Baum zerbirst, in: N. Romanowa/G. Spirin, Unser Baumstumpf, Thienemann Verlag, Stuttgart 1985;
S. 102	Renate Welsh, So sehen heute die Pferde aus, in: Würstel und Kukuruz, dtv junior, München 1987;
S. 105	Hans Manz, Vor Müdigkeit umfallen, in: Lieber heute als morgen, a. a. O.
S. 106	Guten Morgen!, nach Rudolf Schmitt (Hrsg.), Dritte Welt in der Grundschule, Arbeitskreis Grundschule e.V., Frankfurt/M. 1989;
S. 107	Evelyn B. Hardey, Menschennamen aus zweiundzwanzig Ländern, in: H. J. Gelberg (Hrsg.), Menschengeschichten, Verlag Beltz & Gelberg, Weinheim 1975;
S. 108	Ilse Kleberger, Das ist doch alles verkehrt, in: Wirf mir den Ball zurück, Mitura!, H. Schaffstein Verlag, Dortmund 1987;
S. 110	Dagmar Binder, Spielzeugerfinder, in: Mücke, Heft 11, 1989, a. a. O.; Foto 1: K. Paysan, Stuttgart; Foto 2: Christian Schwalbach, Presse München International, München;
S. 111	Foto 1: Agentur Wings, W. Gartung & Partner; Foto 2: K. Paysan, Stuttgart;
S. 112	Utta Wickert, Straßenspiele, in: Wie man Berge versetzt, Verlag Beltz & Gelberg, Weinheim 1981;
S. 113	Figuren im Sand, in: Spiele rund um die Welt, Deutsches Komitee für Unicef, Köln;
S. 114	Gudrun Mebs, Fünf Finger im Schnee, in: Sonne scheint ins Land hinein, Gütersloher Verlagshaus Gerd Mohn, Gütersloh 1987;
S. 116	Detlev Kersten, Tierverwandlungen, in: Kannst du das, was Tiere können?, Otto Maier Verlag, Ravensburg 1986;
S. 117	Paul Maar, UDAKAK, in: Eine Woche voller Samstage, Bd. 1., Friedrich Oetinger Verlag, Hamburg 1973;

S. 118 Irina Korschunow, Wovon träumen Giraffen?, in: Lesespiegel 2, Klett Verlag, Stuttgart, nach Irina Korschunow, Es träumen die Giraffen, Parabel Verlag, München 1962;
S. 119 Mira Lobe, Wenn sich zwei Walrosse küssen, in: Mücke, Heft März 1987, a. a. O.;
S. 120 Gina Ruck-Pauquèt, Eine Handvoll Katze, Ravensburger Taschenbuch, 1979; Fotos: E. Hoffmann, Bad Tölz;
S. 121 Fotos: E. Hoffmann, Bad Tölz;
S. 122 Josef Guggenmos, Gerettet, in: Sonne, Mond und Luftballon, Verlag Beltz & Gelberg, Weinheim 1984;
S. 123 Hermann Altenburger, Wau, in: Quatsch, Weckbuch für Kinder, rororo, Reinbek 1974;
S. 124 Otfried Preußler, Die Katze schläft, in: Geh und spiel mit dem Riesen, a. a. O.;
S. 127 Peter Härtling, Sofie hat einen Vogel, in: Sofie macht Geschichten, a. a. O.;
S. 128 Ursula Fuchs, Hund ausgesetzt, in: Ulrike Schultheis (Hrsg.), Ich hör' so gern Geschichten, dtv junior, München 1988;
S. 130 Gina Ruck-Pauquèt, Die Schildkröte, in: Leselöwen Tiergeschichten, Loewes Verlag, Bayreuth 1989;
S. 133 Unbekannter Verfasser, WENN HINTER FLIEGEN, in: Sprache lebt, Sprachbuch 3. Schuljahr, Ausgabe NRW, Oldenbourg Verlag, München 1985;
S. 134 Ursel Scheffler, Esmeraldas erster Auftritt, in: Leselöwen Zirkusgeschichten, Loewes Verlag, Bayreuth 1980;
S. 136 Mira Lobe, Der verdrehte Schmetterling, in: R. Wildermuth (Hrsg.), Der Esel zog Pantoffeln an, Ellermann Verlag, München 1975;
S. 137 Josef Guggenmos, Zwei Meisen fanden ein A, in: Sonne, Mond und Luftballon, a. a. O.;
S. 138 Hans Baumann, Ameisen krabbeln, in: Das Schaukelschaf, Loewes Verlag, Bayreuth 1983;
S. 139 Sarah Kirsch, Werte Ameise!, in: H. Preisler, Das Windrad, Der Kinderbuchverlag, Berlin 1967;
S. 140 Ute Andresen, Bruder Löwenzahn, in: Bruder Löwenzahn und Schwester Maus, Otto Maier Verlag, Ravensburg 1989; Illustration: Dietlind Blech;
S. 142 Renate Welsh, Nina und das Gänseblümchen, in: Nina sieht alles ganz anders, Otto Maier Verlag, Ravensburg 1985;
S. 143 Joachim Ringelnatz, Das Samenkorn, in: Kleine Wesen, Altberliner Verlag, Berlin 1989;
S. 144 Der Bauer und der Teufel, nach Gebrüder Grimm, Kinder- und Hausmärchen, Winkler Verlag, München 1949;
S. 145 Grafik: Archiv Gerstenberg, Wietze;
S. 146 Werner Halle, Gemüseball, in: Werner Halle/Klaus Schüttler-Janikulla (Hrsg.), Bilder und Gedichte für Kinder zu Haus, im Kindergarten und für den Schulanfang, Westermann Verlag, Braunschweig 1971;
S. 147 Edith Tauscheck, Eine Blüte zum Verschenken, Originalbeitrag;
S. 148 Anneliese Schnappinger, Wie machen wir aus einem Garten eine Paradies für Igel? Ein Igelprojekt der Klasse 2b der Grundschule Mühldorf Mößling;
S. 152 Dimiter Inkiow, Der Igel im Spiegel, dtv junior, München 1984; Tilde Michels/Sara Ball, Igel, komm, ich nehm dich mit, Franz Schneider Verlag, München 1987;
S. 153 Hagdis Hollriede, Wie die Igel Stacheln kriegten, Thienemanns Verlag, Stuttgart 1950; Maurice Burton (Hrsg.), Das große farbige Tierlexikon, Olde Hansen Verlag, Hamburg o. J.;
S. 154 Renate Welsh, Ein Geburtstag für Kitty, dtv junior, München 1986; Illustrationen: Hans Poppel;
S. 158 Ernst Jandl, fünfter sein, in: Der künstliche Baum, Luchterhand Verlag, Frankfurt/M. 1970;
S. 159 Ursula Wölfel, Ich habe Schnupfen, in: Winzige Geschichten, Hoch Verlag, Stuttgart 1986;
S. 160 Astrid Lindgren, Lotta beim Zahnarzt, in: Die Kinder aus der Krachmacherstraße, Friedrich Oetinger Verlag, Hamburg 1962;
S. 162 Renate Welsh, Die Frau Doktor kommt, in: Bald geht's dir wieder gut, Jugend und Volk, Wien 1981;
S. 163 Jürgen Spohn, Erfolg, in: Drauf und dran, Carlsen Verlag, Reinbek 1988;
S. 164 Unbekannter Verfasser, Wirrle-knirrle-knarrelat, nach: Krokofant, Interkantonales Sprach- und Sachbuch 2. Schuljahr, Lehrmittelverlag des Kantons Zürich, 1977;
S. 165 Unbekannte Verfasser, Na so was!; Herbert Friedrich, Ein Hase saß auf einer Bank, in: Eine kleine Fledermaus ruht sich auf der Zeder aus, Kinderbuchverlag, Berlin 1981;
S. 166 Hans Gärtner, Wer trifft sich da?, in: Lesespiele, Bibliographisches Institut Mannheim, 1986;
S. 167 Josef Guggenmos, Das Waldhaus, in: Sonne, Mond und Luftballon, a. a. O.;
S. 168 Hans Gärtner, Abzähler auf..., in: Leselöwen ABC-Geschichten, Loewes Verlag, Bayreuth 1983;
S. 170 Michael Ende, Ein unerforschter Zauberspruch, in: Das Schnurpsenbuch, Thienemann Verlag, Stuttgart 1979;
S. 172 Im Lande der Zwerge, Volksgut;
S. 173 Im Lande der Riesen, Volksgut;
S. 174 Gudrun Mebs, Kasper spielt nicht mehr mit, Diesterweg/Sauerländer Verlag, Frankfurt/M./Aarau 1985;
S. 176 Die Bremer Stadtmusikanten, nach Gebrüder Grimm, a. a. O.;
S. 180 Josef Guggenmos, Mein Ball, in: Die Stadt der Kinder, a. a. O.; Ludwig Jerzy Kern, Der Ball, in: Sprache Spiel und Spaß 1, Hirschgraben Verlag, Frankfurt/M.;
S. 181 Ballspiele, nach Jutta Filzek, in: Mücki, Heft 5, 1989, a. a. O.;
S. 182 Witz, in: J. P. Dirx (Hrsg.), Schülerwitze, Ravensburger Taschenbuch, 1987; Bildwitz Fußgängerstreifen, in: Spürnase, Lehrmittelverlag des Kantons Zürich, 1990;
S. 183 Karl L. Kistner, Ein Zebra ging spazieren, in: Mücki, Heft 3, 1989, a. a. O.; Zebra sorgt für Aufregung, in: Mühldorfer Anzeiger vom 6. 11. 1989;
S. 184 Margret Rettich, Eine schrecklich aufregende Bärengeschichte, in: Allerlei, Friedrich Oetinger Verlag, Hamburg 1986;
S. 186 Ernst Jandl, Lichtung, in: Laut und Luise, Reclam Verlag, Stuttgart 1976;
S. 187 Jürgen Spohn, Freundschaft verbindet, in: Ach so, Bertelsmann Verlag, Gütersloh 1982;
S. 188 Susanne Kilian, Klein Rotraut, in: Mücke, Heft 11, 1988, a. a. O.;
S. 189 Das spaßige Echo, Originalbeitrag;
S. 190 Renate Welsh, Originalbeitrag. Das Gespräch mit Renate Welsh führte Edith Tauscheck.
Vorsätze: Bernd Hagemann, München

Inhaltsverzeichnis

Lesen, lesen, lesen

Das Lesen *von James Krüss* 3
Das Gute an Büchern ist 4
Wo liest du am liebsten? 5
A, B, C, D, was tut nicht weh? *von James Krüss* 6
Wo sich die Menschen doch überall verstecken *von Hans Manz* . 7

Ich und die anderen
Kind sein

Das ist ein Theater 8
Ich und du 9
Was ich alles mit dem Gesicht machen kann
von Rosemarie Künzler-Behncke 10
Kinderkram *von Hans Stempel / Martin Ripkens* 11
Nina, das kleingroße Mädchen
von Marieluise Bernhard-von Luttitz 12
Anja *von Marianne Kreft* 13
Mut *von Mechthild zum Egen* 14
Sabine *von Marianne Kreft* 15
Was uns die Angst nimmt *von Max Bolliger* 16
Meine zweimal geplatzte Haut *von Hanna Hanisch* 17

Familie

Die Geschichte vom Vater, der die Wand hoch ging
von Ursula Wölfel 18
Kinder erzählen von ihren Eltern 19

Von der Fliege, die den Großvater und die Großmutter
geärgert hat *von Heinrich Hannover* 20
Meine Tante *von Roswitha Fröhlich* 21
Lisa erzählt eine Spukgeschichte *von Astrid Lindgren* 22
So eine Familie! *von Elke Kahlert* 23
Jörg lernt kochen *von Irina Korschunow* 24
Sofie vergisst eigentlich nichts *von Peter Härtling* 27
Ich bin allein und die Uhr tickt *von Wolf Harranth* 28
Tick tack *von Irmela Wendt* 29
Angst und Mut *von Ursula Wölfel* 30
Pech *von Hans Manz* 32
Gute Nacht *von Paul Maar* 33

Freunde

Wir *von Irmela Brender* 34
Wann Freunde wichtig sind *von Georg Bydlinski* 35
Elisabeth, Telefon! *von Aliki Brandenberg* 36
Kannst du schweigen? *von Werner Färber* 38
Jeden Tag *von Jo Pestum* 39
Leicht und schwer *von Manfred Mai* 40
Komm! *von Hermann Schuh* 41

Wohnen und Nachbarn

Das Haus *von Eva Rechlin* 42
Wo Kinder wohnen *nach Roderich Menzel* 43
Aufgeregt im Kinderzimmer *von Philipp Günther* 44
Eine Wohnung für Kinder *von Birgit Willimek* 45
Von dem Jungen, vor dem alle Angst hatten
von Elisabeth Stiemert 46
Nachbar-Theater *von Elisabeth Stiemert* 48
Schulhausmeisterwohnung 49

Schule

Meine Lehrerin mag mich nicht
von *Irina Korschunow* 50
Zirkus-Schule *von Ute Andresen* 52
Muraho! *nach Christoph Lutz* 53
Sofie ist ängstlich *von Peter Härtling* 54
Sofie hat einen neuen Pullover *von Peter Härtling* 55

Jahreszeiten und Feste
Zeit vergeht

Glücksbringer 56
Zwölf mit der Post *von Hans Christian Andersen* 58
Alltag *von Jürgen Spohn* 60
Sonntag 61
Und jeden Samstag baden... *von Jutta Richter* 62

Herbst

Das Bauernlied *von Matthias Claudius* 64
Die Blätter an meinem Kalender *von Peter Hacks* 65
Rätsel 66
Goldene Welt *von Georg Britting* 67
Der Wind vor dem Richter *von Oskar Dreher* 68
Herbstwind *von Günter Ullmann* 70
Fliegende Hüte *von Loriot* 71
Novemberwetter *von James Krüss* 72
Spiellied vom heiligen Martin *von Rolf Krenzer* 73

Winter

Die Geschichte vom beschenkten Nikolaus
von *Alfons Schweiggert* 74
Der Bratapfel *von Fritz und Emilie Kögel* 76
Will sehen, was ich weiß vom Büblein auf dem Eis
von *Friedrich Güll*.................77
Der Hirte *von Helga Aichinger* 78
Unser Christbaum 80
Dezember *von Josef Weinheber* 81
Die drei Spatzen *von Christian Morgenstern* 82
Schneemann, Schneemann, braver Mann *von Otfried Preußler* ..83
Fertig *von Charles M. Schulz* 87
Spaß mit Hut 88

Frühling

Der Frühling kommt bald *von Christian Morgenstern* 92
Der tolpatschige Osterhase *von Heinrich Hannover* 93
Ein Osterhase *von Mira Lobe* 95
April, April *von Astrid Lindgren* 96
Liebe Mutter *von Ursula Wölfel* 98
Die Tulpe *von Josef Guggenmos* 99

Sommer

Beim Gewitter *von Eva Rechlin* 100
So sehen heute die Pferde aus *von Renate Welsh* 102
Vor Müdigkeit umfallen *von Hans Manz* 105

Andere Länder, andere Menschen

Guten Morgen! 106
Menschennamen aus zweiundzwanzig Ländern 107
Das ist doch alles verkehrt *von Ilse Kleberger* 108
Spielzeugerfinder *von Dagmar Binder* 110
Straßenspiele *von Utta Wickert* 112
Figuren im Sand 113
Fünf Finger im Schnee *von Gudrun Mebs* 114

Natur
Tiere

Tierverwandlungen *von Detlev Kersten* 116
UDAKAK *von Paul Maar* 117
Wovon träumen Giraffen? *von Irina Korschunow* 118
Wenn sich zwei Walrosse küssen *von Mira Lobe* 119
Eine Handvoll Katze *von Gina Ruck-Pauquèt* 120
Gerettet *von Josef Guggenmos* 122
Wau *von Hermann Altenburger* 123
Die Katze schläft, die Katze schläft *von Otfried Preußler* 124
Sofie hat einen Vogel *von Peter Härtling* 127
Hund ausgesetzt *von Ursula Fuchs* 128
Die Schildkröte *von Gina Ruck-Pauquèt* 130
WENN HINTER FLIEGEN 133
Esmeraldas erster Auftritt *von Ursel Scheffler* 134
Der verdrehte Schmetterling *von Mira Lobe* 136
Zwei Meisen fanden ein A *von Josef Guggenmos* 137
Ameisen krabbeln *von Hans Baumann* 138
Werte Ameise *von Sarah Kirsch* 139

Pflanzen

Bruder Löwenzahn *von Ute Andresen* 140
Nina und das Gänseblümchen *von Renate Welsh* 142
Das Samenkorn *von Joachim Ringelnatz* 143
Der Bauer und der Teufel *nach den Brüdern Grimm* 144
Gemüseball *von Werner Halle* 146
Eine Blüte zum Verschenken 147

Projekt: Igel
Wie machen wir aus einem Garten ein Paradies für Igel? 148
Bücher zum Nachlesen und zum Weiterlesen 152

Gesund sein, krank sein

Ein Geburtstag für Kitty *von Renate Welsh* 154
fünfter sein *von Ernst Jandl* 158
Ich habe Schnupfen *von Ursula Wölfel* 159
Lotta beim Zahnarzt *von Astrid Lindgren* 160
Die Frau Doktor kommt *von Renate Welsh* 162
Erfolg *von Jürgen Spohn* 163
Wirrle-knirrle-knarrelat 164
Na so was! 165
Ein Hase saß auf einer Bank *von Herbert Friedrich* 165

Spielen

Wer trifft sich da? *von Hans Gärtner* 166
Das Waldhaus *von Josef Guggenmos* 167

Abzähler auf... von *Hans Gärtner* 168
Ein unerforschter Zauberspruch *von Michael Ende* 170
Im Land der Zwerge 172
Im Land der Riesen 173
Kasper spielt nicht mehr mit *von Gudrun Mebs* 174
Die Bremer Stadtmusikanten *nach den Brüdern Grimm* 176
Mein Ball *von Josef Guggenmos* 180
Der Ball *von Ludwig Jerzy Kern* 180
Ballspiele 181
Als Fußgänger unterwegs 182
Eine schrecklich aufregende Bärengeschichte
von Margret Rettich.. 184
Lichtung *von Ernst Jandl* 186
Freundschaft verbindet *von Jürgen Spohn* 187
Klein Rotraut *von Susanne Kilian* 188
Das spaßige Echo 189

Renate Welsh schreibt Bücher

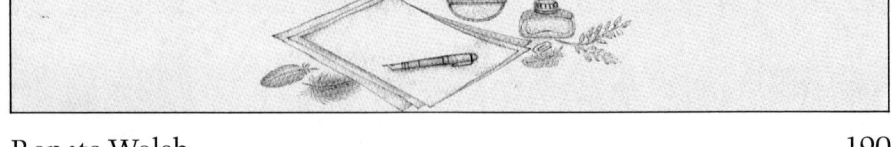

Renate Welsh 190
Ich über mich 191
Ein Gespräch mit Renate Welsh 192
Wie buchstabiere ich mich heute? 196

A